Satyricon
o mar à mesa

Texto
Danusia Barbara

Fotos
Sergio Pagano

senac rio
EDITORA

2ª edição

Satyricon – O mar à mesa
© Danusia Barbara (texto) e Marly Leopardi (receitas)

Direitos desta edição reservados ao Serviço Nacional de Aprendizagem Comercial – Administração Regional do Rio de Janeiro.

Vedada, nos termos da lei, a reprodução total ou parcial deste livro.

SENAC RIO

Presidente do Conselho Regional
Orlando Diniz

Diretor do Departamento Regional
Décio Zanirato Junior

Editora Senac Rio
Av. Franklin Roosevelt, 126/604
Centro – Rio de Janeiro – RJ – CEP: 20.021-120
Tel.: (21) 2240-2045 – Fax: (21) 2240-9656
www.rj.senac.br/editora

Editora
Andrea Fraga d'Egmont (andrea.degmont@rj.senac.br)

Concepção fotográfica, fotos e *foodstyle*
Sergio Pagano

Pesquisa
Danusia Barbara e Andrea Fraga d'Egmont

Coordenação técnica de receitas e produção editorial
Monique Cohen

Edição de texto
Valéria Prest

Revisão
Karine Fajardo

Versão
Centro de Idiomas do Senac Rio / MC Tradutores

Projeto gráfico e editoração eletrônica
Gustavo Portela / Base 9

Assistente de fotografia
Daniel Martins Pinheiro

Digitalização
RR Donnelley Moore

Manipulação de imagens
Maria Inês Coimbra

Produção gráfica
Ronaldo Ramos

Coordenação administrativo-financeira
José Carlos Fernandes (jose.fernandes@rj.senac.br)

1ª edição: *Outubro de 2003*

2ª edição: *Setembro de 2005*
Impressão: *Pancrom*

Catalogação na Fonte do Departamento Nacional do Livro

```
B229s
    Barbara, Danusia
        Satyricon: o mar à mesa / texto de Danusia Barbara;
    fotos: Sergio Pagano. – 2.ed. Rio de Janeiro: Editora Senac
    Rio, 2005.
        144p.; 21 x 28cm

        ISBN: 85-87864-32-7

        1. Satyricon (Restaurante) 2. Restaurantes, bares etc.–
    Rio de Janeiro (Estado) I. Pagano, Sergio. II. Título.
                                        CDD: 647.958153
```

Patrocínio da 1ª edição

Símbolo da alta gastronomia por sua sofisticação e qualidade ao melhor estilo mediterrâneo, o Satyricon, em suas duas casas – em Búzios e no Rio de Janeiro – é um dos principais pontos de referência para quem aprecia as delícias da boa mesa. Com este livro, o Senac Rio tem o orgulho de apresentar a história desse restaurante, bem como algumas das notáveis criações culinárias de Marly e Miro Leopardi, que vêm extasiando cariocas e turistas do Brasil e do exterior desde 1981.

Esta obra é também o registro de uma iniciativa empresarial de sucesso, resultado do talento e da determinação de um profissional que, antes de concretizar seu projeto no País, acumulara vasta experiência na área, atuando em alguns dos mais requintados restaurantes de sua terra natal, a Itália. Aqui se relatam o empenho e a dedicação de um empreendedor que, ao lado da esposa e parceira nos negócios, soube vencer desafios, presenteando o Rio com espaços gastronômicos do mais alto nível.

Acreditamos na relevância deste projeto editorial tanto para profissionais e estudantes quanto para empreendedores da área e leitores que desejem desvendar a arte da boa mesa. Trata-se de mais uma iniciativa desenvolvida com o nosso Centro de Turismo e Hotelaria, com o firme propósito de contribuir para o aperfeiçoamento profissional daqueles que atuam no setor, considerando, sobretudo, o lugar de destaque ocupado pelo Rio como pólo turístico e gastronômico.

Orlando Diniz
Presidente do Conselho Regional do Senac Rio

A primeira imagem que me vem à cabeça não é a logomarca – uma lagosta – impressa no cardápio ou bordada no guardanapo. Tampouco é a bancada de peixes e crustáceos rosados logo na entrada. Ou as adegas climatizadas. Ou o balcão de *sushis* e *sashimis* feitos na hora. A primeira imagem que me ocorre quando penso no Satyricon é o casal Marly e Miro Leopardi. São eles que dão vida ao restaurante. E que vida! O serviço de salão tem o padrão dos melhores em qualquer cidade de respeito, e isso é obra de Marly. Com elegância, eficiência e liderança, posso apostar que ela coordena o salão com o mesmo rigor e charme com que deve receber em casa, seja no Rio ou em Búzios. Porque a arte de receber, mais do que prática adquirida, é qualidade inata. E a cozinha? A cozinha prova que a qualidade da matéria-prima é meio caminho andado para o nosso prazer. A outra metade é saber o que fazer com bons ingredientes. E isso, Miro sabe bem. Quando poucos exploravam a riqueza pesqueira por estas bandas, ele já conhecia as técnicas e arregaçou as mangas. Se hoje comemos pargo e *scampi* com tanta intimidade, devemos muito a Miro. Mas não é só no fornecimento que há crédito: de novo, quando poucos tinham ouvido falar em culinária mediterrânea, ele já valorizava os azeites e as ervas. E, novamente, quando o cenário exibia restaurantes tradicionais, com uma especialidade somente, o Satyricon foi pioneiro por ser múltiplo: é italiano, é mediterrâneo e é *sushi* bar. Mas nada disso importa se a comida não conquistar, não é mesmo? As *pizzas* brancas, sequinhas e crocantes, salpicadas de alecrim ou sal grosso, tiram a gente do sério. Elas chegam à mesa junto com os nacos de parmesão *comme il faut*, macios e levemente adocicados. O desejo pede um risoto? O de *scampi* com *funghi* frescos é quase uma obscenidade: a carne rija do crustáceo contrastando com o aveludado dos cogumelos. Na hora de escolher o pargo, a dúvida: no papel laminado com manteiga, sálvia e vinho branco ou assado debaixo de uma capa de sal grosso?

Deixei você com fome? Eu estou. Felizmente, para saciar nosso apetite temos agora uma dupla imbatível: o texto de Danusia Barbara e as fotos de Sergio Pagano.

Ana Cristina Reis

Colunista do jornal O Globo

O Satyricon traça uma linha lógica num plano absurdo – é o único restaurante de peixe fresco de uma cidade à beira-mar. Outros há, mas sem o serviço de frutos do mar, o tanque de lagostas à entrada, a chegada diária das ostras, a prática polida de seus *maîtres*, o sorriso de Marly, Miro e Bruno.

A carta de vinhos tem sotaque italiano e algumas belas garrafas para dias de festa. Os almoços quietos à luz do jardim ao fundo são o refúgio refletido, luminoso, do degustador consciente.

Renato Machado
Colunista do jornal O Globo

Sumário

12   *Satyricon, em busca do bom e do melhor*

51   *Saiba mais*

54   *Receitas básicas*

58   *Antipasti*

72   *Paste & risotti*

86   *Pesci*

110   *Crostacei*

118   *Altri*

126   *English translation*

Satyricon, em busca

Danusia Barbara

do bom e do melhor

O Satyricon é um restaurante famoso: vem gente de outros países e estados provar sua comida à base de peixes, frutos do mar, massas e risotos à italiana. Os cariocas sorriem e também usufruem desse festival de sabores que é uma ida ao restaurante de Marly e Miro Leopardi. Começou em Búzios, abriu filial grandiosa em Ipanema, recebe convites para espalhar-se pelo mundo. Aqui contamos um pouco de sua saga, damos receitas de pratos favoritos, descrevemos seu credo:

Só use o que está fresco.

Busque o máximo de sabor.

Prove tudo, selecione o que sua sabedoria mandar.

Sinta prazer.

Viver é bom.

Búzios

Os pequenos detalhes e os grandes momentos aqui convivem em estado de graça. A brisa embala, a cor do mar rebrilha em nuanças, os barquinhos se movimentam suave nas águas tranqüilas. Súbito, um vento mais forte, a palmeira em frente se inclina, curva-se até o garçom arranjar-lhe um apoio. O astral é de algo muito especial: nada e tudo parecem fundir-se em outra categoria. Sensação de plenitude. Estamos na varanda do Satyricon de Búzios, num dia sem data, sem compromissos maiores que o de aproveitar a vida. Felizes.

Vila de pescadores descoberta por notáveis (Brigitte Bardot começou esta história), Búzios tornou-se célebre a partir da década de 1960. Bela, cheia de sol e luminosidade, informal, com praias lindas, é um pedaço do paraíso. E se você estiver no Satyricon, como estamos agora, é lugar onde se come muitíssimo bem.

As luzes dos refletores e seus rebatedores atraem – todos querem ver as fotos sendo feitas, ninguém resiste a esse momento de *glamour*, de destaque, de visual registrado para a posteridade. Fotografamos as comidas para este livro, comemos e bebemos em farra alegre, divertindo-nos muito, amando cada instante. As diversas tonalidades das conchas dos saguaritás, ou escargôs-do-mar (muito apreciados em Nápoles e na Califórnia), os numerosos moluscos e crustáceos, o gelo picado, o sol dourado, as miudezas que crescem e vão virando estrelas gastronômicas. O mundo pode ser e é tão prazeroso...

"Une Dolce Vita digne de Fellini. Un repas coloré digne de Miró. Merci."

Pierre, Olimpia, Carolina, Thomas, Marlene e Claude Troisgros

Pense num prato de frutos do mar. Não há receita, é mais abstrato; pense como uma expressão do mar, um display do melhor que o restaurante encontrou naquele dia. Mais que um prato, é uma experiência de vida. Sacia, inebria.

No livro de ouro do restaurante, a família Troisgros[1] deixou seu depoimento na forma de um pequeno poema:

> Une Dolce Vita digne de Fellini.
> Un repas coloré digne de Miró.
> Merci,
>
> *Pierre, Olimpia, Carolina, Thomas,*
> *Marlene e Claude Troisgros*

Não foi o único. O invulgar e egrégio *chef* espanhol Ferran Adrià[2] também fez questão de registrar o quanto o Satyricon lhe agradou. Num único fim de semana no Rio este ano, esteve três vezes na casa – a primeira e a terceira visitas foram ao restaurante de Ipanema; a segunda, ao de Búzios. Despediu-se deixando um livro de presente e sua "amizade gastronômica". E, claro, prometeu voltar.

Chegam sardinhas com tomate e alho, delícia sem fim. No próximo tabuleiro elas vêm ligeiramente empanadas. Ninguém discute qual a melhor versão, todos preferem todas. Descobrimos os tomates cor vermelho-denso, redondos, pequenos como cerejas ou um pouco maiores, do tipo *pachino*; sua doçura, repleta de frescor e sucos, nos provoca. Sem cerimônias, uivamos de prazer. Nosso olhar estende-se até a pequena ilha do Caboclo. Ela lembra um ouriço-do-mar. É tudo bonito. Um albatroz passa, mergulha, pesca com precisão e saboreia sua presa. Nós também acertamos nossos alvos, entretendo-nos com mexilhões gratinados, ostras frescas, vôngoles cozidos em seus próprios caldos... eta vidão!!! O apetite fica ávido de articulações em todos os níveis, incorpora a vista, a comida, o vinho, o instante; sente magia e paz.

Na cozinha, grande atividade. A fumaça parece um elemento mágico, cortina tênue a esconder o que vem por aí. Mas ela se dissipa – rapidamente captada pelo exaustor –, e vão surgindo caçarolas, panelas e travessas repletas de tentações. Comemos e filosofamos: o homem é o único animal que prepara, elabora sua comida. Põe sal, tempera, cozinha, grelha, imprime sua marca. E veja o sol, como está forte, o azul do mar mais firme e lindo... que tal repetir os lagostins?

1. Pierre Troisgros é um dos mais renomados *chefs* do mundo. Seu filho Claude, também famoso, mora no Rio de Janeiro há mais de vinte anos, e foi em Búzios que abriu seu primeiro restaurante no Brasil.

2. Ferran Adrià, seu irmão, Albert Adrià, e Juli Soler formam a trinca de ouro do restaurante El Bulli, nos arredores de Barcelona, na Espanha. Autor de espumas *calientes*, gelatinas, desconstruções culinárias, texturas aéreas e outras engenharias e químicas gastronômicas, Ferran Adrià é hoje o principal ponto de referência da cozinha *gourmet* internacional.

> "A vida não é um trabalho ou uma tarefa, é um mistério a ser desvendado."
>
> **Miro Leopardi**

Os comentários multiplicam-se, empolgados com a chegada do Fritto Misto alla Romana: até os tons dourados e as formas das lulas, abobrinhas e camarões empanados e crocantes são pretexto para brincadeiras e piadas. Miro Leopardi abre um Trebbiano Del Lazio, ampliam-se os sabores da comida. A voz geral é que o Trebbiano desbancou o Pinot Grigio anterior...

A festa estende-se pela tarde inteira, anoitece devagar, continuamos por lá. Não há dúvidas. É o estilo italiano, mediterrâneo, sofisticadamente simples de viver. Satyricon tinha que nascer em Búzios.

>Vida é para saciar, inebriar.
>Aproveitemos!
>
>Miro Leopardi

Alto, vigoroso, bonitão em seus setenta anos bem vividos, Miro Leopardi solta uma gargalhada quando conta como foi a inauguração do restaurante, em 1981. Sua mulher, Marly, levara um baralho para jogar, achando que ia ser um tédio, nada para fazer. Mas, ao contrário, foi um sucesso absoluto, uma infinita trabalheira! Ela no salão, Miro na cozinha se esfalfando por inteiro; e o restaurante lotado, sempre lotado! E, desde então, assim foi. Tédio, baralho??? Nunca no Satyricon.

O nome surgiu entre as sugestões dadas por amigos. A idéia era passar a felicidade que acontece quando se está ao redor da mesa, comendo e bebendo do bom e do melhor, num banquete eterno. Prazer, esta a palavra-chave: o suficiente para Miro lembrar-se de Petrônio e seu *Satyricon*, obra-prima da literatura latina, descrevendo a volúpia, as seduções dos comes e bebes fartos e plenos. O título triunfou.

Da mesma família do conde e poeta Giacomo Leopardi (1798–1837), Miro é homem que sabe de peixes, frutos do mar, algas marinhas, cogumelos chineses, técnicas de preparo e outros tantos recursos do nosso planeta Terra. Mas ele não conhecia o jeito carioca de ir à praia. Chegou ao nosso país em dezembro de 1974, em busca de camarões e peixes para vender na Itália. Naquela época, o Brasil era um dos maiores produtores de camarão vg, e aparentemente a idéia era excelente: ter qualidade a oferecer aos restaurantes luxuosos de Roma.

Desembarcou em São Paulo, mas percebeu que estava no lugar errado, que a pesca era de má qualidade e faltavam-lhe informações mais precisas.

Desistiu de comprar camarões, e só não voltou imediatamente porque a curiosidade em conhecer o carnaval carioca foi mais forte. Rumou para o Rio de Janeiro, e logo nos primeiros momentos "caiu na real", ou seja, descobriu que nem tudo era como sempre imaginara ser em sua terra italiana. Ao sair do hotel, em Ipanema, para dar sua primeira volta no quarteirão, perguntou onde ficava a praia. O porteiro indicou-lhe a direção, explicando que ele não estava vestido de forma adequada para aquele programa. Naquele exato momento, passava uma família voltando da praia, e o porteiro mostrou-lhe como se ia ao banho de mar. Miro não acreditou – resolveu ir de terno –, e lá percebeu rápido o tamanho de seu erro. Mas, diante do que via, nada mais importava. Deslumbrado com o mar, surpreendido com a cidade e sua gente, vibrou com o carnaval, apreciou a irreverência carioca e nunca mais foi embora!

Também não era de ficar parado. Ao pesquisar o mercado, constatou que não havia boas casas especializadas em peixe no Rio e montou seu primeiro restaurante na cidade: O Pirata, na rua Carlos Góis, no Leblon. O cardápio oferecia de tudo, mas era ainda um passo incipiente. Nas idas a Búzios em busca de peixes e frutos do mar frescos, Miro acabou resolvendo ficar por lá e abriu o Oásis em 1979, na praia da Armação. Era uma casa com varanda, onde as pessoas paravam para comer um camarão fresquinho, ao alho e óleo. Um restaurante despretensioso, ao contrário de alguns em que trabalhara em Roma, como o Villa de Caesar, que mandava buscar seus clientes – Aga Kahn, Rita Hayworth e Sofia Loren, entre outros – de biga, com romanos vestidos a caráter, como gladiadores. Sofisticados também eram o La Cisterna, o Il Grifone, o Etiqueta e o Stallone del Mare, especializado em frutos do mar. Entre outras distinções, Miro atuou por uns tempos ao lado de Luigi Carnacina, autor do importante tratado sobre a culinária italiana, *La grande cucina*,[3] com 3.715 receitas. Uma bíblia.

Miro Leopardi nasceu no Trastevere, centro da Roma Antiga, em 1º de março de 1933, sob o signo de Peixes, um prenúncio de suas futuras lides. Veio com toda força e pompa: pesava 7,2kg. A avó, Assunta, tinha uma *osteria*; a mãe, Olímpia, a ajudava; e ele, ainda pequeno, circulava, auxiliando nas compras, na cozinha, no salão, na limpeza. O pai era proprietário de

Miro: vontade indômita, a aventureira obstinação, a força, a energia.

---

3. CARNACINA, Luigi. *La grande cucina*. Milão: Garzanti, 1960.

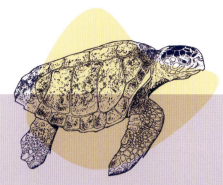

uma empresa de transporte, rodava por toda a Itália. Aos 15 anos, Miro já estava familiarizado com as tarefas de um restaurante, e, aos 33 anos, abria com a mãe o La Piazzeta, dentro de um pátio antigo, de 1600, belíssimo. Naquela época, em Roma, comiam-se muitas massas e carnes, porque os peixes chegavam congelados, sem atrativo algum e com aparência duvidosa. Ele começou a freqüentar o mercado, queria entender do assunto, descobrir como resolver essa pendência, que chamou de "o peixe cansado". Viajou pela Europa e África, decidiu vir ao Brasil.

Aqui conheceu Marly — "a mulher de minha vida". Com ela montou uma indústria pesqueira, abriu o Satyricon de Búzios e de Ipanema, deu força e base para o surgimento da pizzaria Capricciosa (nos bairros de Ipanema, Barra da Tijuca e Jardim Botânico e em Búzios) e comemorou cinqüenta anos de *restaurateur*. "Com Marly busco atingir todos os sentidos, tilintar olhos e paladar. Temos o desejo, o apetite pela vida", afirma.

Marly Bizinover nasceu no interior do Estado do Rio de Janeiro. Sua mãe cuidava da casa e dos sete filhos, o pai era um pequeno empresário. Foi criada subindo em árvores, brincando de pique, amarelinha e outros jogos do gênero. Tinha amigos, primos, irmãos para compartilhar aventuras, num ambiente alegre e movimentado. Mas também gostava de ficar na cozinha com a mãe fazendo *fettuccine*. Preparavam a massa, a cortavam em tiras e a levavam para secar em tabuleiros que eram colocados em cima das parreiras de uva do quintal. Havia ainda a *borsch* (sopa de beterraba); o *vareniki* (pastelzinho cozido), o *pierogi* (versão eslava do ravióli) e os peixes do rio Paraíba do Sul. Suprema honra era fazer biscoitos amanteigados cobertos com sementes de papoula. Iguaria finíssima.

Ela passou a adolescência em Copacabana. Seu sonho era um dia ser atriz. Até hoje tem profunda sintonia com dança e música, mas ficou com *El gran teatro del mundo*,[4]

---

4. Obra de Pedro Calderón de la Barca (1600–1681), dramaturgo espanhol nascido em Madri.

O nome surgiu entre as sugestões dadas por amigos... Prazer, esta a palavra-chave.

ou seja, como dizia Pedro Calderón de la Barca, o mundo é um grande teatro acontecendo dia e noite, ininterrupto. Cursou a Faculdade de Filosofia da Universidade Federal do Rio de Janeiro e teve dois filhos, Bruno e Sandra. Formou-se, mas não foi dar aulas, escrever livros, discutir temas abstratos ou pensar filosoficamente a vida. Optou por algo ousado na época: trabalhar com moda. Fazia tudo. Era a estilista e a empresária. Durante vinte anos suas roupas foram sucesso, e sua rotina continuaria assim não fosse ter conhecido, por acaso, um italiano simpático e bom cozinheiro... Muitos jantares à luz de velas, toques de sedução e charme, os dois casaram-se e estão juntos até hoje.

O Satyricon é o filho dos dois. Marly administra, cuida dos detalhes, é perfeccionista. Miro também; ele, porém, se dedica mais à cozinha, à criação dos pratos, ao ritmo do salão. Completam-se muito. Ela inventa modas que dão certo. Investiu na vertente peixe cru. Miro estranhou, mas Marly apresentou uma linha de raciocínio que se revelou perfeita: "Temos os melhores e mais frescos peixes e frutos do mar, podemos tranqüilamente trabalhar com a nata deles, seja em *carpaccios* e *tartares*, seja em *sushi* e *sashimi*." Hoje há clientes que vêm ao Satyricon especialmente para saborear essas atrações especiais de seu cardápio.

Em 1998, nova empreitada gastronômica – criaram a pizzaria Capricciosa, eleita a melhor do Rio por críticos, personalidades em vários setores e o público em geral. Lógico, o trabalho multiplicou-se. E também a satisfação. Marly costuma comentar em tom brincalhão: "Pitadas de doidice às vezes são saudáveis. Se pensarmos muito, nada sai." Tranqüila, não descarta planos para o futuro – quem sabe, uma filial em São Paulo? Convites não faltam, enquanto ela se encarrega do jardim e da horta que mantém em Búzios para fornecer a seus restaurantes ingredientes exclusivos – rúculas selvagens, ervas como *basilico*, além de flores de abobrinha. O frescor e o cuidado na produção é trunfo puro.

Arte reconhecida

Madonna, Sting, Baryshnikov, Paul Simon, Philip Glass, Nureyev, Calvin Klein, Ray Charles. Príncipes, princesas, magnatas. Tom Jobim, Caetano, Chico Buarque, João Gilberto e tantos outros mestres e artistas, nacionais e internacionais, muita gente veio e vem ao Satyricon. São duas casas: a primogênita, nascida em Búzios em 1981, de frente para o mar, charmosa em sua simplicidade. A seguinte, grandiosa, instalou-se em Ipanema, em outubro de 1985. Espaçosa, pujante, sublime. Em ambas come-se bem. Uma ida ao Satyricon é ter a reconfortante sensação de que você e seu apetite não poderiam estar em melhores mãos.

Não pense só em peixes e frutos do mar. Há massas perfeitas, como espaguete, *fettuccine, linguine, farfalle, penne, tortelloni*, ravióli, nhoques. Os risotos, *al dente*, enfeitiçam. De camarão, lagosta, lagostim, cavaca e rúcula selvagem. Com *funghi, shiitake*, cogumelos-de-paris e champanhe. E o de limão, ideal para acompanhar crustáceos.

Uma ida ao Satyricon é ter a reconfortante sensação de que você e seu apetite não poderiam estar em melhores mãos.

Os antepastos são sedutores. *Carpacci* exclusivos, como o Marenostrum, que combina atum, salmão, pargo, robalo e olho-de-boi num só prato. *Tartares* únicos, como de atum, salmão e peixe branco. Do balcão japonês saem *sushi* e *sashimi* deslumbrantes: como resistir ao sensual *sashimi* de lagosta viva?

As carnes vêm exatas, no ponto solicitado pelo cliente. São filés *mignon*, costeletas de cordeiro, frangos, *T-bones* grelhados. Os pães, todos feitos na casa, são uma perdição maravilhosa. Como se negar à *foccacia*, ao pão no estilo campônio, aos fininhos, ao *ciabatta grissine*, à *pizza* branca? Molhe o pão no azeite extravirgem e vá em frente, devorando toda a cesta. Não se preocupe, o garçom a repõe no ato.

Repare no bufê em que se expõem os produtos: cogumelos de tirar o chapéu, pimentões dos deuses, queijos italianos, tomates da melhor qualidade, legumes e alfaces em todos os tons. Só de olhar se percebe o alto nível gastronômico da casa. Esse mundo *gourmet* é realçado pela carta de vinhos de bom nível e preços variados, chegando até ao deus Petrus, talvez o vinho mais caro do mundo. No *couvert*, que muda de tempos em tempos, às vezes há uma delicada maionese de frango que, depois de provada, não se dispensa mais. Há também berinjelas e abobrinhas finamente grelhadas, peixinhos marinados com gomos de laranja, atum em lascas. Portanto, examine o cardápio com cuidado e atenção, explore com vagar todas as possibilidades que o atraírem.

Entre as criações mais notáveis de Miro destaca-se o Pargo Naturale col Sale Grosso. Sucesso inquestionável, muitas vezes imitado, jamais igualado. Nos primeiros tempos, muita gente estranhou sua apresentação, pois a cabeça do peixe é mantida até o momento de levá-lo à mesa, retirar o sal e servir. Quando o Satyricon surgiu, era mais usual só utilizar filés de peixe, qualquer que fosse o prato. Mas o mundo evolui e hoje todos aplaudem o pioneirismo de Miro. Madonna é fã arraigada dessa maneira de preparar o pargo – sabe que, se o peixe não for absolutamente fresco, ao se remover a camada de sal, o cheiro o denuncia de imediato. Ela o saboreou quando esteve no Rio em 1993, e até hoje o recomenda com entusiasmo. São levas de turistas que visitam o Satyricon especialmente para prová-lo. Considerando que os cariocas também o apreciam bastante, tem-se o consumo de duas toneladas de peixes por mês. Haja pesca!

> *"Restaurante ideal: só para amigos, sem ter que cobrar."*
>
> **Miro Leopardi**

Ao descobrir pargo e marimbá, na região de Cabo Frio e Búzios, Miro enviou amostras para a Itália. Foi um sucesso, e ele começou a receber encomendas. Inaugurava assim sua empresa pesqueira, a Brasfish. Transformou-se num respeitado exportador de peixe fresco, apesar das dificuldades iniciais. Ensinou como e por que pescar com linha – os peixes chegam vivos ao barco e são diretamente submersos no gelo, levando um choque térmico. A carne sofre menos, pois o peixe não fica debatendo-se na rede. Além disso, a pesca com rede não é seletiva, ocasiona bastante desperdício. Miro conversava com os pescadores, explicava que esses peixes eram muito apreciados na Europa, nos Estados Unidos e no Japão – e bastante valorizados no mercado. Ainda assim, no início, somente mulheres aceitavam pescar marimbá, tarefa considerada indigna para os homens.

Finalmente, preconceitos derrubados, pesca atualizada, exigências burocráticas cumpridas, havia ainda a luta diária no telefone para conseguir espaço nos aviões. Miro disputava com exportadores de frutas e de outros produtos brasileiros, e era "pauleira" mesmo. Ainda assim, a demanda por peixe foi crescendo, e a empresa também. Mas ele não é homem de gabinete, e ter restaurante de categoria era seu sonho. Seguiu em frente, firme e obstinado. Queria desvendar o mistério de como instalar e manter um restaurante de respeito, vibrava a cada batalha para realizar seu desejo maior. Hoje, a cada noite que se passa, entende melhor seu amor: "O Satyricon é como uma amante. A todo momento, me reserva uma surpresa, um agrado, um pensamento. Consegue ser especial mesmo no cotidiano mais fustigante. Alimenta-me com sonhos, alegrias, vitalidade."

"O Satyricon é como uma amante. A todo momento, me reserva uma surpresa, um agrado, um pensamento."

Miro Leopardi

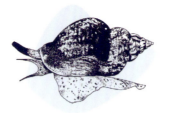

Dia-a-dia, uma

expressão do (a)mar

A entrada do Satyricon Ipanema é gloriosa, única, Hollywood em festa. À porta, um viveiro de lagostas: as bichinhas se mexem de maneiras mil – antenas, pinças, garras e couraças em ação. A seguir, uma mostra de pujança. Numa belíssima bancada de gelo, há pargos róseos, salmões imponentes, camarões cinzentos vg, lagostins vermelhos, ostras chamativas, cavaquinhas de carne saborosa, chernes imensos, lagostas expondo seu *design* pessoal – as bolinhas brancas cobrindo carapaças e nadadeiras, enquanto os rabos se expõem em tons variados de vermelho, róseo, roxo e até alaranjado.

Tentação pura, exuberância da realidade. E não falei do Gran Piatto di Mare, com pelo menos oito opções: *scampi* com molho de tomate; atum cozido no azeite; *carpaccio* de peixe-espada defumado; ovas de peixe grelhadas no azeite; amêijoas; mexilhões; polvinhos; ostras. Tudo fresco, fresquíssimo.

O salão acolhe 140 pessoas com dignidade. Toalhas brancas impecáveis, guardanapos, copos, louça, material de primeira. As luzes permitem enxergar o que se come, sem nunca importunarem. Ao fundo, som de um *jazz* discreto ou uma suave seleção da música popular brasileira. Na passarela, os que gostam de ver e serem vistos; nos cantos mais reservados, a turma dos discretos. Por todos os lados, gente importante. Miro e equipe trabalham afinados, *the show must go on* de maneira inefável.

Em outro lugar, em pleno mar, outra parte dessa engrenagem está em ação. A pescaria estende-se por toda a noite. Na madrugada, peixes e frutos do mar são enviados ao restaurante, bem como produtos diversos. Durante a manhã, tudo se organiza. Lavanderia, limpeza, pré-preparo dos alimentos. Quando as portas se abrem ao meio-dia (às segundas-feiras, às 18h), os salões estão impecáveis, a cozinha fervilha. A casa fecha tarde da noite, quando os pescadores já estão novamente em busca do melhor e do mais fresco que há no mar. O Satyricon trabalha 24 horas, em vários níveis, e cada estágio completa-se no outro. Esse é um dos seus segredos.

Marcel Proust[5] dizia que degustar ostras é comungar com a vida do mar. No Satyricon isso acontece. E mais, o restaurante ultrapassa o limite de preparar e servir peixes e frutos do mar muito bem. Como vimos, há elegância e intensidade de sabores nas variadas massas, carnes e risotos. Mesmo as sobremesas mais usuais, como a musse de chocolate, se destacam. Leves, às vezes fugazes, têm a marca de quem batalha para oferecer tudo no ponto certo de madureza. Simples e refinado. Nunca o óbvio ou o mais fácil.

A filosofia do casal Leopardi é clara:

> Quando pensamos em um prato ou em um *menu*, não tentamos chocar ninguém ou reinventar a roda. Pensamos no que desejamos comer. O gosto do novo? Ah, como o tempo nos engana... Para alguns, servir cogumelos *shiitake* grelhados com alho, azeite extravirgem e salsinha pode ser o máximo da novidade. Para outros, é prato batido. Tudo depende de ocasos e acasos no tempo de nossas vidas. No Satyricon, fazemos a comida clássica mediterrânea, com produtos absolutamente frescos, de qualidade. Um ditado italiano diz: "É tão importante o que se deixa de fora quanto o que se põe dentro de um prato." Praticamos essa religião, ou seja, selecionamos os melhores produtos e a partir daí os combinamos. Mas isso não significa misturar alhos com bugalhos. Buscamos a harmonia dos sabores e texturas.

Segundo o *chef* chinês Ken Hom, com programas na BBC, 34 livros publicados, vasta linha de *woks* e acessórios culinários sob sua grife, cliente assíduo do Satyricon quando está no Rio, "uma fração de segundo faz diferença entre uma delicadeza e um desastre". Miro e Marly Leopardi sabem disso. A casa é sofisticada e singela, tem perspectiva cosmopolita, mas não renega o universo do pescador. Qualidade e quantidade aqui não se opõem, mas se completam. Como o casal.

Rio de Janeiro, 11 de maio de 2003

5. Escritor francês (1871–1922), autor da obra-prima *Em busca do tempo perdido*.

— Miro, quando você é feliz?

— Quando acordo e vejo que estou vivo!

— Um desejo?

— Saber cantar bem.

— Rotinas?

— Evito. Se não posso viajar, sonho que estou em qualquer outro lugar do mundo. Gostaria de ir à China conhecer coisas diferentes.

— E o Satyricon?

— É um ato de amor. Entre mim e Marly, e mais sangue, suor, lágrimas, risos e muitas alegrias... claro!

Saiba mais

Todos os pratos apresentados neste livro rendem quatro porções. Conheça alguns termos culinários que designam formas especiais de preparar determinados alimentos. Nas receitas, eles estão assinalados com um asterisco.

À juliana corte do ingrediente em tirinhas.

Al dente ponto de cozimento em que a massa mantém a consistência, sem desmanchar-se.

Apurar processo de tornar o alimento mais concentrado ou saboroso, deixando-o ferver por um tempo prolongado.

Flambar derramar determinada quantidade de bebida alcoólica sobre um alimento e atear-lhe fogo, mantendo as chamas por alguns instantes.

Gratinar cobrir o prato com queijo ralado e farinha de rosca, levando-o ao forno até que se forme uma crosta gratinada.

Reduzir diminuir a quantidade de um líquido pela fervura até que este chegue ao ponto ideal.

Receitas

A seguir, quatro preparações necessárias à elaboração de alguns pratos:

Caldo de peixe (1 litro)

1 1/2kg de retalhos de peixe, carcaça e cabeça de crustáceos, dorsal de peixes, etc.
2 litros de água
2 cebolas médias fatiadas
sal a gosto
10g de pimenta-do-reino em grão
1 folha de louro
2 dentes de alho inteiros
4 galhos de salsinha
1/2 litro de vinho branco seco
2 cenouras grandes cortadas em rodelas
2 talos de aipo com folhas e inteiros

Utensílios necessários:
peneira fina
panela com capacidade para 5 litros

1. Na panela, junte todos os retalhos de peixe e crustáceos e os demais ingredientes. Deixe tudo ferver e adicione a água. Espere cozinhar por 1 hora no fogo brando. Depois que esfriar, coe na peneira.

2. Guarde o caldo para usar em qualquer outra receita. Pode ser congelado na medida desejada.

Caldo de lagosta (1 litro)

1 folha de louro
1 dente de alho
1 talo de aipo
100ml de vinho branco
1 cebola média fatiada
2 litros de água
1 1/2kg de carcaça e cabeça de lagosta

Utensílio necessário:
peneira

1. Leve todos os ingredientes para cozinhar juntos. Quando ferver, retire do fogo, peneire e reserve.

básicas

Molho de pimenta-malagueta (150ml)

20 pimentas-malagueta bem lavadas e bem secas com toalha de papel (para não restar umidade no vidro)
1 dente de alho inteiro, descascado
1 folha de louro
6 colheres de sopa de azeite extravirgem

Utensílios necessários:
toalha de papel
1 pote de vidro com capacidade para 200ml

1. Junte as pimentas, o alho e o louro num vidro bem limpo e seco, cubra com o azeite e tampe. Deixe descansar por cerca de 15 dias em lugar fresco e escuro. Depois de abrir o vidro, mantenha o molho na geladeira.

Purê de tomate (800ml)

24 tomates médios bem maduros picados
2 colheres de sopa de manteiga
1 cebola pequena picada

Utensílio necessário:
peneira

1. Leve todos os ingredientes para cozinhar no fogo alto por 10 minutos ou até desmanchar e engrossar. Passe tudo pela peneira e reserve.

Dicas para deixar as massas ainda mais saborosas

- No cozimento das massas, só adicione sal depois que a água ferver.

- Todos os molhos são fáceis de preparar e podem ser feitos rapidamente enquanto se cozinha a massa.

- A verdadeira cozinha mediterrânea elabora praticamente tudo na hora. Nada de molhos prontos para ajudar!

Antipasti

GRAN PIATTO DI MARE

CREMA DI CROSTACEI

FANTASIA DI CARPACCI

COZZE GRATINATE

COZZE E VONGOLE ALLA MARINARA

Gran Piatto di Mare

Festival de Frutos do Mar

1 filé grosso de atum fresco
100g de bacalhau fresco
  cozido com água e sal e cortado em lascas
4 ostras frescas
8 vôngoles ou mexilhões sem casca
  cozidos no vapor com sal
4 camarões médios ou lagostins limpos
  sem casca e cozidos no vapor com sal
100g de anéis de polvo ou lula cozidos
  em água e sal
4 ramos de folhas de hortelã com 3 folhas
  cada um para decorar (1 para cada prato)

Para o molho:
6 colheres de sopa de azeite extravirgem
suco de 2 limões
1 colher de chá de salsinha picada
1 colher de chá de cebolinha picada
1 colher de chá de endro fresco picado
1 colher de chá de alho-poró picado
sal e pimenta-do-reino moída na hora,
  a gosto, ou 1 colher de molho de
  pimenta-malagueta (ver receita na pág. 55)

Utensílio necessário:
tigela funda

Preparo do molho:
1. Coloque todos os ingredientes na tigela e bata até que fiquem bem misturados. Reserve.

Montagem:
1. Numa travessa, disponha separadamente os peixes e os frutos do mar. Cubra com o molho e deixe tomar gosto por alguns minutos.

2. Decore com a hortelã e sirva.

Antipasti

Crema di Crostacei

Creme de Crustáceos

8 camarões médios
4 lagostins
2 lagostas médias
2 cavaquinhas médias
2 colheres de sopa de farinha de trigo
sal e pimenta-do-reino a gosto
1 colher de sopa de cebola picada
1 colher de sopa de alho-poró picado
4 colheres de sopa de azeite extravirgem
30ml de conhaque
1 litro de caldo de peixe (ver receita na pág. 54)
4 ramos de salsinha para decorar

1. Retire as cascas e cabeças dos crustáceos, remova as tripas e limpe a carne sob um fio de água. Com uma faca bem afiada, pique a carne de todos eles.

2. Numa tigela, junte a farinha de trigo, os crustáceos picados, o sal e a pimenta, mexendo bem.

3. Refogue a cebola e o alho-poró no azeite no fogo baixo, misturando com cuidado. Acrescente os crustáceos e aumente o fogo por 1 minuto. Adicione o conhaque e flambe.* Incorpore o caldo de peixe e deixe ferver por 10 minutos.

4. Sirva em prato fundo e decore com salsinha.

Antipasti

Fantasia di Carpacci

Fantasia de Carpacci

Para o *tartare*:
100g de atum fresco
100g de salmão fresco
100g de robalo fresco
100g de pargo fresco

Para o molho do robalo:
2 colheres de sopa de azeite extravirgem
1 colher de chá de cebolinha (parte branca) picada
suco de 1/2 laranja
sal e pimenta-do-reino a gosto
salsinha fresca picada para decorar

Misture bem todos os ingredientes
e sirva acompanhado do robalo.

Para o molho do pargo:
2 colheres de sopa de azeite extravirgem
2 colheres de cebolinha (parte branca)
suco de 1/2 limão
1/4 de alho bem picado
sal e pimenta-do-reino a gosto
salsinha para decorar

Misture bem todos os ingredientes
e sirva acompanhado do pargo.

Para o molho do salmão:
2 colheres de sopa de azeite extravirgem
1 colher de chá de cebolinha (parte branca) picada
suco de 1/2 limão
1 colher de chá de endro fresco picado
sal e pimenta-do-reino a gosto

Misture bem todos os ingredientes com o salmão.

Para o molho do atum:
2 colheres de sopa de azeite extravirgem
1 colher de chá de cebola ralada
1/4 de dente de alho bem picado
2 colheres de sopa de purê de tomate
   (ver receita na pág. 55)
molho de pimenta-malagueta a gosto
   (ver receita na pág. 55)
sal a gosto
1 colher de café de salsinha fresca picada

Misture bem todos os ingredientes com o atum.

1. Limpe bem os peixes e corte-os em filés, retirando a espinha e a pele.

2. Com uma faca bem afiada, corte o robalo e o pargo em fatias bem finas no sentido horizontal, acompanhando o sentido do filé.

3. Com o salmão e o atum prepare o *tartare*, picando os peixes em pedaços bem miudinhos. Acrescente os respectivos molhos e misture bem. Faça uma bola e achate formando um hambúrguer.

4. Na hora de servir, arrume os filés de robalo e pargo, separadamente, no canto de cada prato. Coloque os molhos desses peixes em uma tigela à parte em frente ao prato. No outro canto de cada prato, disponha os hambúrgueres de salmão e atum. Sirva com pedaços de limão.

Antipasti

Cozze Gratinate

Mexilhões Gratinados

Antipasti

2kg de mexilhões vivos com casca
2 xícaras de farinha de rosca
1 dente de alho triturado
salsinha picada a gosto
sal e pimenta-do-reino a gosto
4 colheres de sopa de
   azeite extravirgem
30g de queijo *pecorino* ralado

Utensílios necessários:
panela com capacidade para 4 litros
tabuleiro
coador

1. Lave os mexilhões e limpe-os sob água fria corrente, removendo completamente as barbas e incrustações das cascas.

2. Leve-os para cozinhar com água na panela, até que as conchas se abram. Descarte as cascas vazias e coloque as outras com os mexilhões no tabuleiro.

3. Coe o caldo que ficou na panela e reserve.

4. Misture a farinha de rosca, o alho, a salsinha, o sal, a pimenta e o azeite, acrescentando o caldo coado até formar uma farofa pastosa. Cubra os mexilhões um a um com a farofa. Regue com um fio de azeite e polvilhe com o *pecorino*. Leve o tabuleiro ao forno quente para gratinar* por 10 minutos. Sirva os mexilhões mornos ou frios.

Cozze e Vongole alla Marinara

Mexilhões e Vôngoles à Marinara

2kg de mariscos
   (mexilhões, vôngoles**) com casca
3 dentes de alho triturados
1 colher de sopa de cebolinha
   (parte branca) picada
pimenta-malagueta a gosto
6 colheres de sopa de
   azeite extravirgem
80ml de vinho branco seco
sal a gosto
1 colher de sopa de salsinha picada

Utensílio necessário:
escorredor

1. Lave os mexilhões e limpe-os sob água fria corrente, removendo completamente as barbas e incrustações das cascas. Limpe os vôngoles com cuidado também em água fria corrente.

2. Coloque os mariscos em uma vasilha com água salgada e fria, deixando descansar por 1 hora. Escorra e reserve.

3. Numa frigideira, refogue o alho, a cebolinha e a pimenta no azeite. Adicione os mexilhões; após 3 minutos, acrescente os outros mariscos. Junte o vinho e deixe cozinhar no fogo alto até que as conchas se abram. Prove o sal e tempere, se necessário (os mariscos já contêm sal naturalmente). Salpique a salsinha e sirva em seguida.

**Pode-se utilizar também apenas um desses tipos de marisco.

Antipasti

Paste & risotti

SPAGHETTI CON LE VONGOLE

SPAGHETTI ALLA MODA DEL CHEF

FETTUCCINE CON ARAGOSTA

RISOTTO DI CROSTACEI

PENNE CON VODKA

Spaghetti con le Vongole

Espaguete com Vôngoles

1 1/2kg de vôngole com casca
4 colheres de sopa de
   azeite extravirgem
pimenta-malagueta a gosto
3 dentes de alho fatiados bem fino
6 tomates médios maduros,
   para molho, cortados em filés,
   sem pele nem sementes
sal a gosto
4 litros de água
500g de espaguete de grão duro
1 colher de sopa de salsinha
   fresca picada para decorar

Utensílios necessários:
escorredor
peneira
panela com capacidade para 6 litros

1. Lave com cuidado os vôngoles em água fria corrente. Coloque-os em uma vasilha com água salgada e fria, deixando descansar por 1 hora. Escorra e reserve.

2. Leve ao fogo, na frigideira, 2 colheres de sopa de azeite e a pimenta. Acrescente os vôngoles e deixe até se abrirem. Em seguida, passe-os pela peneira, posicionando uma vasilha embaixo para recolher o líquido.

3. Retire os vôngoles das conchas, reservando 24 deles com casca para decorar.

4. Na frigideira, leve ao fogo o restante do azeite e o alho até dourar bem sem queimar. Acrescente o líquido dos vôngoles, deixando reduzir* para apurar.* Adicione o tomate e o sal e continue o cozimento por 10 minutos no fogo alto. Junte os vôngoles sem casca e deixe por 2 minutos.

5. Leve a água ao fogo na panela. Quando ferver, adicione o sal, junte o espaguete e misture bem. Deixe cozinhar até ficar *al dente.*

6. Escorra a massa e coloque na frigideira em que está o molho. Misture por 1 minuto no fogo alto e acrescente a salsinha. Decore com os vôngoles com casca e sirva em seguida.

Paste & risotti

Spaghetti alla Moda del Chef

Espaguete à Moda do Chef

5 litros de água
3 colheres de sopa de azeite extravirgem
5 colheres de sopa de manteiga
2 dentes de alho picados
1 abobrinha média, com casca, cortada à juliana*
28 camarões rosa, médios e limpos (com cauda e o final da casca)
1 maço de rúcula cortada em tiras
sal a gosto
500g de espaguete de grão duro
4 camarões para decorar

Utensílio necessário:
escorredor

1. Ferva a água.

2. Em uma frigideira, aqueça o azeite e 4 colheres de manteiga, adicione o alho e deixe dourar. Acrescente a abobrinha e mantenha no fogo por 2 minutos. Junte os camarões e aguarde até que fiquem macios (aproximadamente 4 minutos) e coloque a rúcula.

3. Cozinhe os 4 camarões para decoração no vapor e passe-os ligeiramente no restante da manteiga. Reserve.

4. Quando a água para o cozimento da massa ferver, acrescente o sal e o espaguete. Deixe cozinhar até ficar *al dente*.* Escorra e coloque na frigideira do molho. Misture tudo rapidamente, arrume nos pratos e decore com os camarões.

Paste & risotti

Fettuccine con Aragosta

Fettuccine com Lagosta

4 lagostas médias com casca
1 colher de sopa de cebola ou cebolinha
   (parte branca) picada
1 colher de sopa de alho-poró fatiado fino
4 colheres de sopa de azeite extravirgem
pimenta-malagueta bem picada e sal a gosto
6 folhas de manjericão picadas
100ml de caldo de lagosta (ver receita
   na pág. 54)
100ml de champanhe ou vinho branco seco
24 tomates *pachino* médios
   ou 24 tomates-cereja cortados ao meio
400g de *fettuccine* de grão duro
   ou 500g de *fettuccine* fresco
4 litros de água fervente
salsinha fresca picada para decorar, a gosto

Utensílios necessários:
escorredor
peneira

1. Limpe a lagosta, retire a carne e corte em fatias de 1cm. Reserve as sobras (carcaça e cabeça) para o caldo.

2. Para fazer o molho, refogue a cebola e o alho-poró numa frigideira com o azeite. Acrescente a pimenta, o sal, o manjericão e as fatias de lagosta. Cozinhe por 6 minutos no fogo alto. Junte o caldo, o champanhe (ou o vinho) e deixe ferver e reduzir* no fogo alto por 3 minutos. Adicione o tomate e espere ferver por mais 1 minuto também no fogo alto.

3. Cozinhe o *fettuccine al dente*,* escorra, coloque na frigideira junto com o molho e misture bem. Aqueça mais um pouco, salpique a salsinha e sirva imediatamente.

Paste & risotti

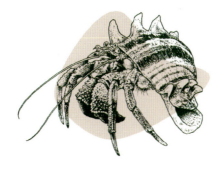

Risotto di Crostacei

Risoto de Crustáceos

8 camarões médios
8 lagostins
2 lagostas médias
2 cavaquinhas médias
1 maço de rúcula selvagem ou precoce
2 colheres de sopa de cebola picada
2 colheres de sopa de alho-poró picado
1 colher de sopa de aipo picado
4 colheres de sopa de azeite extravirgem
2 colheres de sopa de manteiga
400g de arroz *arborio*
125ml de vinho branco seco
2 litros de caldo de peixe (ver receita na pág. 54)

1. Limpe os crustáceos, retirando as cascas e as tripas. Corte a carne das lagostas e das cavaquinhas em rodelas. Mantenha os camarões e os lagostins limpos inteiros. Separe as sobras (cascas, carcaças e cabeças) para o caldo de peixe.

2. Lave bem a rúcula e pique a metade. Reserve a parte restante inteira para decorar o prato.

3. Refogue a cebola, o alho-poró e o aipo numa frigideira com o azeite e a manteiga até amolecerem. Acrescente o arroz, sem lavar, e deixe por 1 minuto. Mexendo sem parar, incorpore o vinho e mantenha no fogo alto até secar. Abaixe o fogo e junte o caldo de peixe até cobrir o arroz. Sem parar de mexer, regue com o caldo sempre que o arroz secar. Depois de 10 minutos, adicione as rodelas de lagosta e cavaquinha. Mexa por mais 4 minutos, agregando o caldo quando necessário. Coloque o camarão, o lagostim e a rúcula picada. Deixe cozinhar por mais 5 minutos. Na hora de levar à mesa, acrescente o restante da rúcula. Sirva imediatamente.

Paste & risotti

Penne con Vodka

Penne com Vodca

500g de *penne* de grão duro
4 litros de água fervente
2 colheres de sopa de
   cebola ralada
2 colheres de sopa de manteiga
1/2 pimenta-malagueta
   fresca picada
80ml de vodca
800ml de purê de tomate
   (ver receita na pág. 55)
sal a gosto
200ml de creme de leite fresco
1 xícara de parmesão ralado
4 colheres de chá de ova
   de salmão
4 folhas de manjericão

Utensílio necessário:
peneira

1. Cozinhe o *penne al dente** na água fervente.

2. Numa frigideira, doure levemente a cebola na manteiga e adicione a pimenta. Acrescente a vodca e deixe ferver por 1 minuto. Junte o purê de tomate, o sal e espere ferver por 8 minutos. Incorpore o creme de leite, deixe ferver por 3 minutos; em seguida, agregue o parmesão.

3. Coloque o *penne* cozido na frigideira e misture bem com o molho. Disponha 1 colher de chá de ova de salmão em cima de cada prato e decore com o manjericão. Sirva imediatamente.

Paste & risotti

Pesci

PARGO NATURALE COL SALE GROSSO

PESCE SPADA ALLA SATYRICON

FILETTI DI PESCE ALLA NAPOLETANA

FILETTI DI PESCE ALLA MEZZALUNA

FILETTI DI PESCE AL CARTOCCIO

FILETTI DI PESCE FANTASIA

"MOQUECA" ALLA SATYRICON

TONNO CON FAGIOLI BIANCHI

SARDINE IN TORTIERA

TARTARE O BITOK DI PESCE

Pargo Naturale col Sale Grosso

Pargo com Sal Grosso

1 pargo fresco de 800g
2kg de sal grosso

Utensílios necessários:
travessa refratária
bandeja
espátula

1. Limpe o peixe, sem retirar as escamas nem as barbatanas.

2. Forre a travessa com o sal, coloque o peixe e cubra-o inteiramente com o sal restante, como se estivesse fazendo um iglu. Leve ao forno pré-aquecido na temperatura máxima e deixe por 25 minutos sempre no fogo mais alto.

3. Ponha a travessa na bandeja e leve à mesa. Quebre a camada de cima com a ajuda da espátula e remova a pele, as escamas e as barbatanas do pargo. Retire o filé de peixe inteiro. Sirva com batatas cozidas.

Pesci

Pesce Spada alla Satyricon

Peixe-espada à Satyricon

50g de uva passa sem caroço
30ml de *brandy* ou conhaque
1/2 colher de sopa de cebola picada
1/2 colher de sopa de alho-poró
6 colheres de sopa de azeite extravirgem
50g de *pinoli* inteiros
10g de alcaparras em conserva cortadas ao meio
16 azeitonas pretas sem caroço cortadas ao meio
1 colher de sopa de folhas de orégano frescas
2 tomates médios, para molho, cortados em quatro, sem pele nem sementes
4 postas de peixe-espada** com pele (200g cada um)
sal e pimenta-do-reino a gosto

Utensílio necessário:
grelha antiaderente

1. Coloque as passas de molho no *brandy* ou conhaque por 10 minutos até amolecerem. Reserve.

2. Em uma frigideira, prepare o molho refogando a cebola e o alho-poró no azeite. Acrescente os *pinoli* e deixe refogar por 1 minuto. Adicione as alcaparras e as azeitonas. Incorpore as passas com o conhaque e flambe.* Por último, junte o orégano e o tomate.

3. Na grelha, asse as postas de peixe com sal e pimenta. Disponha no prato e cubra com o molho.

** O peixe-espada é conhecido como espadarte ou *swordfish*.

Pesci

Filetti di Pesce alla Napoletana

Filés de Peixe à Napolitana

1 colher de sopa de cebola picada
1 colher de sopa de alho-poró
1 pimenta-malagueta picada a gosto
6 colheres de sopa de azeite extravirgem
150ml de caldo de peixe (ver receita na pág. 54)
24 tomates *pachino* médios ou 24 tomates-cereja bem maduros, cortados ao meio
sal a gosto
4 filés de cherne ou pargo grande (250g cada um) sem pele
16 azeitonas pretas sem caroço cortadas ao meio
12 alcaparras cortadas ao meio
folhas de orégano fresco a gosto

1. Numa frigideira, doure a cebola, o alho-poró e a pimenta no azeite. Adicione o caldo de peixe e deixe ferver por 2 minutos. Acrescente o tomate, o sal e os filés de peixe. Após 3 minutos, vire-os de lado. Aguarde mais 2 minutos e adicione as azeitonas e alcaparras. Por último, junte o orégano e sirva imediatamente.

Pesci

Filetti di Pesce alla Mezzaluna

Filés de Peixe à Mezzaluna

4 filés de cherne (250g cada um) frescos e limpos
sal e pimenta-do-reino a gosto
3 colheres de sopa de farinha de trigo
4 colheres de sopa de manteiga
4 colheres de sopa de azeite extravirgem
1 colher de sopa de alho-poró picado
2 colheres de sopa de cebolinha picada (parte branca)
60ml de conhaque
1 colher de chá de endro fresco picado
1 colher de chá de tomilho fresco picado
1 colher de chá de sálvia fresca picada
1 colher de chá de manjericão fresco picado
1 colher de chá de salsinha fresca picada
1 colher de chá de hortelã fresca picada
4 colheres de sopa de creme de leite
suco de 1 limão

1. Tempere os filés de cherne com sal e pimenta; em seguida, passe-os na farinha.

2. Doure os filés de ambos os lados na manteiga misturada com o azeite, o alho-poró e a cebolinha. Acrescente o conhaque e flambe.* Retire-os e adicione as ervas picadas, o creme de leite e o suco de limão. Deixe ferver. Recoloque os filés e sirva imediatamente.

Pesci

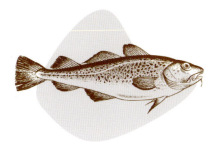

Filetti di Pesce al Cartoccio

Filés de Peixe no Cartoccio

3 colheres de sopa de azeite extravirgem
2 colheres de sopa de manteiga
1 colher de sopa de alho-poró picado
1 colher de sopa de cebola picada
1 colher de chá de farinha de trigo
sal a gosto
200g de cogumelo-de-paris fatiado
150ml de vinho branco seco
suco de 1/2 limão
1 colher de sobremesa de
    salsinha picada
4 filés de cherne ou pargo (200g cada um)
16 camarões médios sem casca
16 mexilhões sem casca cozidos
    no vapor
pimenta-do-reino moída na hora a gosto

Utensílios necessários:
4 folhas de papel-manteiga ou laminado
tabuleiro

1. Numa frigideira junte o azeite, a manteiga, o alho-poró, a cebola, a farinha e o sal e doure lentamente, sem deixar queimar. Acrescente os cogumelos e o vinho. Espere ferver até reduzir* um pouco. Adicione o suco de limão e a salsinha e aguarde até obter um molho cremoso.

2. Numa superfície, abra as folhas de papel e coloque sobre cada uma delas um filé de peixe. Cubra com os camarões crus e os mexilhões. Adicione o molho e a pimenta. Feche as pontas do papel de modo que não se abram durante o cozimento. Disponha no tabuleiro e leve ao forno médio por 15 minutos.

3. Retire do forno e desembrulhe somente na mesa.

Pesci

Filetti di Pesce Fantasia

Filés de Peixe Fantasia

3 pimentões pequenos (1 verde,
   1 vermelho e 1 amarelo)
2 dentes de alho picados
6 colheres de sopa de
   azeite extravirgem
2 1/2 cebolas cortadas em fatias
16 azeitonas pretas sem caroço
1 folha de louro
sal e pimenta-do-reino a gosto
4 tomates médios, sem casca
   nem sementes, cortados em 4 filés
250ml de caldo de peixe
   (ver receita na pág. 54)
4 filés de cherne ou pargo fresco
   (250g cada um)
8 batatas pequenas descascadas
   e cozidas em água e sal

1. Corte os pimentões em fatias largas de 2cm.

2. Numa frigideira, refogue o alho no azeite. Adicione a cebola, as fatias de pimentão e as azeitonas inteiras. Acrescente o louro, o sal, a pimenta e o tomate. Incorpore o caldo de peixe e deixe cozinhar no fogo médio por 6 minutos. Junte os filés e a batata e deixe por mais 2 minutos. Vire os filés de lado e aguarde mais 2 minutos. Descarte a folha de louro. Sirva imediatamente.

Pesci

"Moqueca" alla Satyricon

Moqueca à Satyricon

Pesci

16 camarões médios com casca
2 lagostas médias com casca (600g cada uma)
4 filés de cherne (150g cada um)
1/2 litro de caldo de peixe (ver receita na pág. 54)
1 colher de sopa de urucum em pó
2 colheres de sopa de cebola picada
1 colher de sopa de alho-poró picado
6 colheres de sopa de azeite extravirgem
1 maço de coentro picado
sal a gosto
molho de pimenta-malagueta a gosto (ver receita na pág. 55)

1. Limpe os camarões, as lagostas e o cherne, reservando as cascas e cabeças para o caldo.

2. Corte a lagosta em dois pedaços e o cherne em filés. Deixe o camarão inteiro.

3. Prepare o caldo de peixe com as sobras da lagosta, camarões e peixe. Adicione o urucum e misture bem. Reserve.

4. Refogue a cebola e o alho-poró no azeite com metade do coentro e o sal. Junte a lagosta, depois os filés de cherne e, por último, os camarões. Leve ao fogo alto por 2 minutos de cada lado e acrescente o caldo com urucum. Deixe ferver por 10 minutos.

5. Na hora de servir, acrescente o restante do coentro. Sirva com o molho de pimenta.

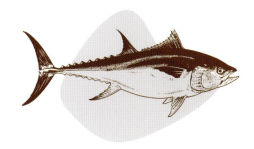

Tonno con Fagioli Bianchi

Atum com Feijão-branco

6 litros de água
60g de sal
600g de lombo de atum fresco inteiro (sem pele, sangue nem espinha)
3 cebolas inteiras sem casca
1 folha de louro
1/2kg de feijão-branco
1 cenoura grande inteira
1 talo de aipo inteiro
sal a gosto
pimenta-do-reino moída na hora a gosto
6 colheres de sopa de azeite extravirgem (no mínimo)
folhas de alface

Utensílios necessários:
panela com capacidade para 10 litros
escorredor
saladeira

1. Leve a água ao fogo na panela. Quando levantar fervura, acrescente o sal, o atum, 1 cebola e a folha de louro. Deixe cozinhar por 1 hora. Escorra o lombo e coloque-o para secar em local ventilado.

2. Deixe o feijão de molho por, no mínimo, 6 horas. Leve-o para cozinhar com a cenoura, 1 cebola, o aipo e o sal até ficar macio (aproximadamente 2 horas), mas sem deixar desmanchar. Escorra e espere amornar.

3. Corte a cebola restante em rodelas bem finas e passe na água fervendo.

4. Numa tigela, disponha o atum desmanchado em lascas, as rodelas de cebola, o feijão e a pimenta. Adicione o azeite e sal a gosto. Misture bem e sirva na saladeira forrada com a alface.

Pesci

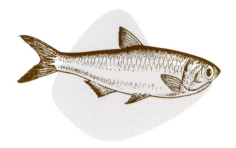

Sardine in Tortiera

Sardinhas ao Forno

1/2kg de sardinhas frescas
6 colheres de sopa de azeite extravirgem
16 azeitonas pretas sem caroço
2 colheres de sopa de alho-poró picado
2 colheres de sopa de cebola ralada
1 colher de sopa de salsinha picada
2 dentes de alho triturados
20 tomates *pachino* médios
 ou 20 tomates-cereja bem maduros cortados ao meio

Utensílio necessário:
tabuleiro

1. Limpe a sardinha abrindo ao meio e descarte a cabeça e as escamas.

2. Unte o tabuleiro com metade do azeite, arrume os peixes lado a lado, salpique todos os temperos, cubra com o tomate e regue com o restante do azeite. Leve ao forno alto por 30 minutos até que estejam dourados. Sirva imediatamente.

Pesci

Tartare o Bitok di Pesce

*Tartare ou Bitok** de Peixe*

Para o salmão:
200g de salmão fresco
1 colher de sopa de azeite extravirgem
1 1/2 colher de sopa de suco de limão
1 colher de café de alho-poró
   (parte branca) picado
1 colher de café de salsinha fresca picada
1 colher de café de tomilho fresco picado
1 colher de café de gengibre
   fresco picado
sal e pimenta-do-reino a gosto

Para o atum:
200g de atum fresco
1 colher de sopa de azeite extravirgem
1 1/2 colher de sopa de suco de limão
1 colher de café de cebolinha
   (parte branca) picada
1 colher de café de endro fresco picado
1 colher de café de orégano fresco picado
sal e pimenta-do-reino a gosto

Utensílio necessário:
faca bem afiada

1. Pique o salmão bem fino com a faca. Misture todos os ingredientes, faça uma bola e achate no prato dando a forma de um hambúrguer.

2. Para preparar o atum, repita a mesma operação com os ingredientes da lista.

**A diferença entre o *tartare* e o *bitok* é que o primeiro é servido cru, ao passo que o segundo é grelhado na frigideira (em duas colheres de azeite por 3 minutos de cada lado) e servido quente.

Pesci

Crostacei

FANTASIA DI MARE GRIGLIATA

GAMBERI ALLA SATYRICON

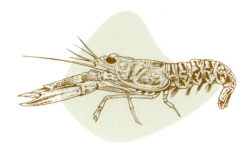

Fantasia di Mare Grigliata

Fantasia do Mar Grelhada

2 lagostas médias
2 cavacas médias
8 lagostins
8 camarões
6 colheres de sopa de azeite extravirgem
sal e pimenta-do-reino a gosto
rodelas de limão

Utensílio necessário:
grelha

1. Corte as lagostas, as cavacas e os lagostins ao meio, pela barriga, da cauda à cabeça, sem separar as partes, no sentido longitudinal. Limpe bem o interior das cabeças com um fio d'água e remova as tripas.

2. Lave os camarões, retire as cascas e as tripas, mantendo as cabeças e a ponta das caudas.

3. Numa vasilha à parte, prepare um molho com o azeite, o sal e a pimenta. Passe tudo por esse molho. Enquanto isso, esquente a grelha até ficar bem quente.

4. Primeiramente, coloque na grelha as lagostas e cavacas com o lado da carne para o fogo. Depois de 8 minutos, vire-as para o lado da casca. Junte os camarões e os lagostins e deixe por 3 minutos, vire e deixe mais 3 minutos. Retire tudo do fogo ao mesmo tempo e sirva imediatamente com algumas rodelas de limão.

Crostacei

Gamberi alla Satyricon

Camarões à Satyricon

Crostacei

24 camarões médios com casca
6 colheres de sopa de azeite extravirgem
2 dentes de alho fatiados
30ml de conhaque
250ml de caldo de peixe (ver receita na pág. 54)
50 tomates *pachino* médios ou 50 tomates-cereja bem maduros
sal a gosto
1 colher de sopa de manjericão fresco picado
1 colher de sopa de salsinha picada

Utensílio necessário:
travessa refratária

1. Limpe os camarões, removendo as tripas e deixando as cabeças e a ponta das caudas. Coloque-os na panela com 2 colheres de azeite e deixe fritar dos dois lados.

2. Numa frigideira, refogue o alho no restante do azeite, acrescente o conhaque, flambe* e incorpore o caldo de peixe. Deixe ferver até reduzir* um pouco. Adicione o tomate, o sal e o manjericão.

3. Arrume os camarões na travessa, cubra com o molho e leve ao forno para aquecer. Se preferir, esquente-o na própria frigideira em que está o molho. Salpique a salsinha antes de servir.

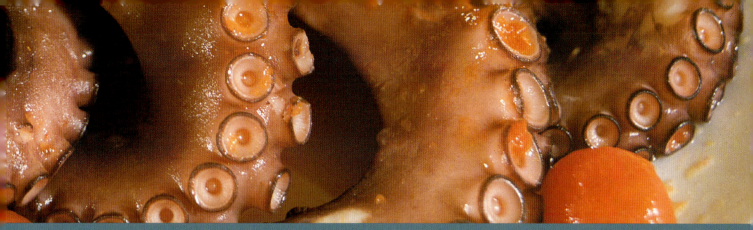

Altri

FRITTO MISTO ALLA ROMANA

POLPO AL POMODORO

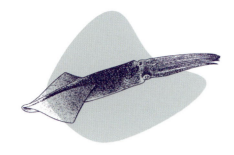

Fritto Misto alla Romana

Frito Misto à Romana

4 lulas grandes inteiras
12 camarões médios
2 filés grossos de linguado, dourado ou pargo (200g cada um)
2 abobrinhas médias verdes com casca
1 xícara de farinha de trigo
2 litros de óleo
sal a gosto
1 limão cortado em 4 pedaços

Utensílios necessários:
peneira
toalha de papel
escorredor
prato fundo

1. Lave as lulas e limpe sem cortar, reservando os tentáculos. Corte-os em rodelas de 1cm.

2. Limpe os camarões deixando a cauda presa ao corpo, mas retire as tripas e cascas.

3. Fatie os filés de peixe em tiras de 1cm de comprimento.

4. Corte a abobrinha à juliana.*

5. Coloque a farinha num prato fundo. Passe os peixes, as lulas, os camarões e a abobrinha na farinha, lambuzando-os bem dos dois lados. Passe tudo na peneira e agite para retirar o excesso de farinha.

6. No óleo bem quente, frite primeiro a lula, depois o camarão e, por último, a abobrinha e o filé de peixe até ficarem ligeiramente dourados. Escorra e mantenha sobre a toalha de papel por alguns minutos. Adicione o sal e sirva com os pedaços de limão.

Polpo al Pomodoro

Polvo ao Pomodoro

20 tomates médios, bem
   vermelhos, inteiros
4 litros de água fervente
1kg de polvinho ou 1 polvo grande limpo
6 colheres de sopa de azeite extravirgem
3 dentes de alho descascados
   cortados ao meio
1 cebola média cortada em rodelas finas
pimenta-malagueta a gosto
125ml de vinho branco seco
sal e salsinha picada a gosto

Utensílio necessário:
panela com capacidade para 6 litros

1. Leve o tomate à panela com a água fervente por 1 minuto. Retire a pele e as sementes e corte a polpa em pedaços.

2. Lave o polvinho (ou o polvo) sob água corrente e remova o interior da cabeça.

3. Numa frigideira, junte o azeite, o alho, a cebola e a pimenta e deixe cozinhar no fogo brando sem queimar. Coloque os polvinhos um de cada vez, ou o polvo inteiro, e refogue por 2 minutos. Acrescente o vinho e espere evaporar. Adicione o tomate, o sal e parte da salsinha. Tampe a frigideira e mantenha no fogo brando por 40 minutos. Se necessário, acrescente um pouco de água.

4. Arrume os polvinhos ou o polvo numa travessa, salpique com o restante da salsinha e sirva.

Altri

English translation

Satyricon, striving for the best

Danusia Barbara

Satyricon is a famous restaurant: people travel from other countries and other states to try its food, which is based upon fish, seafood, pasta and Italian-style risotto. The cariocas (people from the city of Rio de Janeiro) enjoy and also indulge in this festival of flavors provided by Marly and Miro Leopardi's restaurant. It all started in Búzios, after which a flamboyant branch was opened in Ipanema and now the owners receive invitations to open branches throughout the world. In this book, we tell a small part of the story, provide recipes for some of the favorite dishes and set forth their mottoes:

> Only use fresh ingredients.
> Give priority to flavor.
> Try everything, choose what most appeals to you.
> Take pleasure in life.
> Being alive is wonderful.

Búzios

Small details and great moments live side-by-side here gracefully. The sea breeze blows by, the color of the sea shimmers in nuances, the little boats gently bob up and down on the calm waters. Suddenly, a stronger wind builds up, the palm tree in front of you leans to one side, it leans over to a waiter, offering him a branch. The sensation is something very special: everything seems to merge into one. A feeling of plenitude.

We are sitting on the veranda of the Satyricon restaurant in Búzios with nothing else to do than enjoy life to the full. We are happy.

A fishing village cast into the limelight by famous people (Brigitte Bardot started off this story), Búzios became famous in the 1960s. Beautiful, sunny and bright, informal, with beautiful beaches — it really is a piece of paradise. Should you go to Satyricon, you can rest assured of eating very well.

The elegance of those cooking the food and those eating it attracts you — everyone wants to see the photos being taken, nobody can resist this moment of glamour, of distinction, of the image being captured for posterity's sake. We photographed the food for this book, ate and drank in wanton abandonment whilst having a really great time and loving every minute. The varying shades of the snail shells, the sea snails (most popular in Napoli and California), the countless mollusks and crustaceans, the chopped ice, the golden sun, the giblets which are becoming more and more popular and turning into a gastronomic star. The world is and can be so pleasurable...

In the restaurant's record book, the Troisgros family[1] left their testimony in the form of a short poem:

> *Une Dolce Vita digne de Fellini.*
> *Un repas coloré digne de Miró.*
> *Merci,*
> Pierre, Olimpia, Carolina, Thomas, Marlene and Claude Troisgros

They were not the only ones. The refined and gregarious Spanish chef Ferran Adrià[2] also made a point of putting into words how highly he regarded Satyricon. During a single weekend in Rio de Janeiro this year, he visited the restaurant three times — the first and third visits were to the restaurant in Ipanema, with the second being to Búzios. He bid farewell leaving a book as a present and his "gastronomic friendship". Naturally, he said he would be back.

Sardines in tomato and garlic come to the table — most delicious. They are then served lightly battered. There is no dispute as to which dish is best, both are equally enjoyed by all concerned. We came across deep red, round tomatoes, as small as cherries, or maybe slightly larger: the *pachino* variety; the sweetness of which, full of freshness and juicy, rouses us. We revel in pleasure. Our view takes in the small island of Caboclo. It looks like a sea urchin. All of it is beautiful. An albatross flies by, dives, fishes with precision and savors its prey. We have also enjoyed success, occupying ourselves with mussels au gratin, fresh oysters, and clams cooked in their own juices... this is the life!!! The appetite is made up of several aspects, encompassing the view, the food, the wine, the moment; it senses magic and peace.

There is plenty going on in the kitchen. The smoke appears magical, a fine curtain, concealing that which lies beyond. Yet it begins to dissipate — swiftly removed by the extractor — revealing casserole dishes, pans and trays overflowing with tempting delights. We ate and philosophized: man is the only animal that prepares its food. Adding salt, seasoning, cooking it and grilling it, he leaves his mark. Check out the sun beating down strongly and the blue colour of the sea, firm and beautiful... How about a second helping of the crayfish?

The conversation becomes livelier, fueled by the arrival of the Fritto Misto alla Romana: even the golden tones and shapes of the battered, crispy squid, zucchinis and shrimps provide material for jokes and fooling around. Miro Leopardi opens a Trebbiano del Lazio, enriching the flavors of the food. The word on the street is that the Trebbiano has taken the place of the Pinot Grigio...

126

The party continues through the afternoon, nightfall beckons slowly but we stay put. There is no doubt about it. This is the Mediterranean, Italian style, sophisticatedly simple to live. Satyricon could only have been born in Búzios.

Life is there to enjoy and delight. Live it!
Miro Leopardi

Tall, vigorous, handsome, seventy years old and a life well-lived, Miro Leopardi roars with laughter when he talks about the opening of the restaurant in 1981. His wife Marly took along some cards to play with, as she imagined it would be rather boring, with nothing to do. However, much to the contrary, it was a raging success and the work was never-ending! Marly out front, Miro slaving away in the kitchen with the restaurant bursting at the seams, always bursting! It has been this way ever since. Boring, cards??? Unheard-of at Satyricon.

The name was taken from suggestions given by friends. The intention was to reproduce the happiness which arises when you're sitting around a table eating and drinking the best the world has to offer in an eternal banquet. Pleasure is the key word: enough for Miro to recall Petronius and his *Satyricon*, a masterpiece of ancient Roman literature, conveying the pleasure and delights of hearty, plentiful food and drink. The title came out on top.

Of the same family of count and poet Giacomo Leopardi (1798-1837), Miro is someone who understands fish, seafood, seaweed, Chinese mushrooms, methods of cooking and many other Earth's resources. He did not, however, understand the carioca passion for the beach. He arrived in Brazil in December 1974, looking for shrimps and fish to sell in Italy. In those days, Brazil was one of the largest producers of king-size shrimps, and the idea appeared to be a sound one: offering quality goods to the high-class

restaurants of Rome. He arrived in São Paulo, but realized he was in the wrong place, as the fishing produce was of poor quality and he couldn't get more accurate information as to better produce.

He gave up on the idea of buying shrimps, and delayed his immediate return to Italy due to his overwhelming curiosity to see the Rio carnival. At the onset of his journey to Rio de Janeiro, he saw the light, i.e. he found out that things are quite different in Brazil to how he imagined them to be back home in Italy. After leaving the hotel in Ipanema to go for his first walk around the block, he asked somebody where the beach was. The doorman showed him the way, but explained that he wasn't dressed appropriately for the beach. Just then, a family returning from the beach walked past and the doorman pointed out to him how one should dress to go swimming in the sea. Miro couldn't believe it – he was wearing a suit – and quickly came to realize the magnitude of his mistake. However, from that moment on, nothing else mattered. In love with the sea, surprised by the city and its inhabitants, he danced carnival away, appreciated the irreverence of Rio and never returned to his native Italy!

He wasted no time in getting to work. After performing some market research, he realized there were no good specialized fish restaurants in Rio and set up his first restaurant in the city: The Pirata restaurant on Carlos Góis street, in Leblon. The menu had everything, but it was still early days. When traveling to Búzios to buy fresh fish and seafood, Miro ended up deciding to set up there and opened the Oásis in 1979, on the Armação beach. It was a restaurant with a veranda, where people used to stop by to eat fresh shrimps fried in oil and garlic. A humble restaurant, unlike some of those at which he worked in Rome, like the Villa de Caesar, which

used to send a chariot to pick up its customers – Aga Kahn, Rita Hayworth and Sofia Loren, amongst others – with Romans dressed up as gladiators. Restaurants specialized in seafood like La Cisterna, Il Grifone, Eticheta and Stallone del Mare were also sophisticated. Miro also distinguished himself whilst working for a while beside Luigi Carnacina, the author of the important book on Italian cuisine, *La grande cucina*,[3] containing 3.715 recipes. A bible.

Miro Leopardi was born in Trastevere, in the center of ancient Rome, on March 1st, 1933 under the Pisces sign – a sign of things to come. He was quite a baby: weighing in at 7.2kg (15.4lb). His grandmother, Assunta, had an *osteria*; his mother, Olímpia, used to help out; and Miro, whilst still young, went around helping out with the shopping, in the kitchen, in the dining area and with the cleaning. His father was the owner of a transportation company, traveling all over Italy. At the age of 15, Miro was already familiar with the ins-and-outs of a restaurant, and at the age of 33 he opened the La Piazzeta restaurant with his mother in a 17th-century, beautiful courtyard. At that time in Rome, people used to eat a lot of pasta and meat, as the fish used to arrive frozen, and had an iffy appearance. He began going the market, wanting to further understand the subject and discover how to solve this problem, which he called the "tired fish". He traveled through Europe and Africa, and decided to come to Brazil.

It was here that he met Marly – "the love of my life". Together they went on to open a fish factory, the Satyricon restaurant in Búzios and Ipanema, helped set up the Capricciosa pizza restaurant chain (Ipanema, Barra da Tijuca, Jardim Botânico and Búzios) and celebrated fifty years of restaurateur. "With Marly I try to reach all the senses, including vision and the palate. We have the desire and appetite for life", he adds.

Marly Bizinover was born in the countryside of Rio de Janeiro State. Her mother took care of the house and had seven children; her father had a small business. She grew up climbing trees, playing tag, hopscotch and other games of a similar nature. She had friends, cousins, and siblings to go on adventures with in a happy, lively environment. However, she also enjoyed staying in the kitchen with her mother making fettuccine. They would prepare the pasta, cut it into strips and take it to dry out on boards which were then placed on top of the grapevines in the backyard. There was also the borsch (beetroot soup), the vareniki (cooked pasties), the pierogi (Slovakian version of ravioli) and the fish from the Paraíba do Sul River. Making butter biscuits covered with poppy seeds was a supreme honor. Fine food indeed.

She spent her teenage years in Copacabana. She dreamt of being an actress. Even today she has a soft spot for dance and music, but she has settled for El gran teatro del mundo,[4] as Pedro Calderón de la Barca would say, the world is a huge theatre taking place continuously every day and night. She studied at the Philosophy Faculty of the Rio de Janeiro Federal University and has two children, Bruno and Sandra. She proceeded to graduate in philosophy, yet did not go on to write books, discuss abstract themes or reflect philosophically on life. She opted for something considered daring at the time: working in fashion. She did everything. She was both a stylist and businesswoman. Her clothes sold successfully for twenty years, and she would have carried on in this manner had she not have met, by chance, a pleasant Italian who could cook well. Following many candlelit dinners, awash with seduction and charm, they got married and are still together today.

Satyricon is the product of them both. Marly the perfectionist runs the restaurant, taking care of all the little details. As does Miro, however he tends to dedicate himself somewhat more to the kitchen, creating dishes in keeping with the restaurant's style. They work together well. She invents fashionable dishes which are successful. She invested in the much talked about raw fish. Miro wasn't so keen at first, but Marly presented her argument audaciously. "We have the best, freshest fish and seafood, and can quite easily work with the cream of the crop, be it in carpacci and tartar or in sushi and sashimi." Some customers today go to Satyricon just to try these special attractions on the menu.

In 1998, they created a new gastronomical venture – the Capricciosa pizza restaurant, which was elected the best in Rio by critics, celebrities from various sectors and the public at large. Naturally, the amount of work grew and grew. As did the satisfaction. Marly jokingly says: "A touch of craziness can sometimes be healthy. If we spend too much time thinking, nothing comes of it." In her relaxed way, she's keeping all options open for the future – who knows, maybe even branching out to São Paulo could be on the cards? There is no shortage of invitations. In the meantime, she looks after the allotment and vegetable garden in Búzios which she keeps to supply the restaurants with exclusive ingredients – wild rocket, herbs such as basil, in addition to zucchini flowers. The freshness and care taken during production is the ace up her sleeve.

Art recognized

Madonna, Sting, Baryshnikov, Paul Simon, Philip Glass, Nureyev, Calvin Klein, Ray Charles. Princes, princesses, tycoons. Tom Jobim, Caetano, Chico Buarque, João Gilberto and many other national and international maestros and artists come and have been to Satyricon. There are two restaurants: the first was opened in Búzios in 1981 on the beachfront, and is charming in its simplicity. The second, flamboyant restaurant was opened in Ipanema in October 1985. Spacious, magnificent, sublime. You eat well at both. A trip to Satyricon means you can rest assured that you and your appetite couldn't be in better hands.

There is much more than merely fish and seafood. There is excellent pasta, like spaghetti, fettuccine, linguine, farfalle, penne, tortelloni, ravioli and gnocchi. The al dente risottos cast a spell open upon you. Containing shrimps, lobster, crayfish and wild rocket. Served with funghi, shiitake, white mushrooms and champagne. There is also the lime risotto, which goes well with shellfish.

The antipasti are simply mouthwatering. Exclusive carpacci, like the Marenostrum which combines tuna, salmon, snapper, sea bass and amberjack fish in a single dish. Unique tartars, like those containing tuna, salmon and white fish. Stunning sushi and sashimi are served from

the Japanese menu: how could anybody refuse the sensual lobster sashimi?

The meat is cooked to perfection, just as the customer ordered. You can choose from filet mignon, lamb chops, chicken and grilled T-bone steak. The homemade bread is a real indulgence. How could you resist the foccacia, the country-style bread, the baguettes, the grissini ciabatta, or the white pizza? Dip the bread in the extravirgin olive oil and plough ahead, making your way through the entire basket. There is no need to worry, the waiter replaces the bread as and when necessary.

Check out the buffet in which they exhibit their products: high-quality mushrooms, peppers, Italian cheeses, tomatoes, vegetables and lettuce in all shades of color. The high gastronomical level of the restaurant can be seen simply by looking around. This gourmet world is complimented by the wine list containing good wines at varying prices, including the divine Petrus, maybe the most expensive wine in the world. The couvert, which changes from time to time, sometimes comes with a delicious Russian chicken salad, which once tried is never forgotten. There are also lightly grilled eggplants and zucchinis, fish marinated in orange slices, and sliced tuna. Therefore you must peruse the menu carefully and attentively, and explore in depth all the possibilities which appeal to you.

Amongst some of the most memorable of Miro's creations is the Snapper Naturale Cooked with Rock Salt. An unquestionable success which has been copied by others but never to the same degree of perfection. At first, many people found the dish's presentation somewhat odd, as the fish's head is only removed after the fish has been served and the salt removed. In the early days, it was more commonplace to use just fish fillets at Satyricon, whatever the dish. However, the world evolved and today all applaud Miro's pioneering. Madonna is a diehard fan of this style of cooking the snapper fish – and it is worth knowing that if the fish is not completely fresh, the smell it gives off when the layer of salt is removed gives it away immediately. She tried the dish when she was in Rio in 1993 and wholeheartedly recommends the dish even today. Wave after wave of tourists visit Satyricon just to try the dish. This combined with the fact that the carioca people also adore the dish results in two tons of the fish being consumed monthly. Let there be fish!

When Miro came across the snapper and *marimbá* (a local fish) in Cabo Frio and Búzios region, he sent some specimens to Italy. They went down well and he started taking orders. This was how his fish company, Brasfish, came about. It became a respected fresh fish exporting company, in spite of some initial difficulties. He taught how and why to fish using a line – the fish enter the boat alive whereupon they are directly submersed in ice, giving them a thermal shock. The flesh is damaged less as the fish doesn't wriggle around in the net. Not to mention the fact that the use of nets is not selective, leading to much waste. Miro took time to talk to the fishermen, explaining that these fish were highly appreciated in Europe, the US and Japan – and attracted a high price. Despite this, at the onset, only women would fish for the *marimbá*, as this was not considered worthy of male labor.

Eventually, after the prejudice was overcome, the fishing brought up-to-date, and bureaucratic requirements fulfilled, there was still the daily challenge of phoning the airlines to get some space on the planes. Miro had to compete with Brazilian exporters of fruit and other products, which could get quite heated at times. Even so, the demand for fish and his company grew and grew. However, he is not a white-collar worker, and running his own restaurant was his dream. He worked towards his goal, determined and single-minded. He relished the challenge of starting up and maintaining a respected restaurant, and went through many difficult times to achieve his greatest wish. Today, with each day that goes by, he comes to understand his love better: "Satyricon is like a lover. It can surprise you, please you and make you sit back and think at any moment. It manages to remain special, even on the most frustrating of days. It keeps me going through a mixture of dreams, happiness and vitality."

Daily life, an expression of the sea

The entrance to Satyricon in Ipanema is glorious, unique and reminiscent of Hollywood. At the entrance there is an aquarium of lobsters: the creatures move incessantly – antennas, claws, pincers all going. This is

followed by a show of extravagance. Laid upon a beautiful shelf of ice are pink snappers, impressive salmon, gray king-size shrimps, red crayfish, eye-catching oysters, tasty *cavaquinhas* (a type of lobster found in Brazil), huge chernes, lobsters showing off – the ice covering the shells and fins, whilst the tails are displayed in varying shades of red, pink, purple and even orange.

Pure temptation, an exuberance of reality. I haven't even mentioned the Gran Piatto di Mare, boasting no less than eight options: scampi in tomato sauce; tuna cooked in olive oil; smoked swordfish carpaccio; fish roe grilled in olive oil; clams; mussels; octopuses; oysters. All of which is fresh, very fresh.

The restaurant can hold 140 people with ease. Impeccable white towels, napkins, glasses, dishes, all made from the best materials. The lighting allows you to see what you're eating, whilst not being offensive. In the background, there is some relaxing jazz or a soothing selection of Brazilian popular music. Those who like attention sit in the center; those who are somewhat more reserved sit in the corners. There are important people everywhere. Miro and his team work as one, the show must go on.

Elsewhere, out at sea, another part of the work is underway. The fishing goes on throughout the night. In the small hours, fish and seafood are delivered to the restaurant along with other products. Everything is taken care of in the morning. Washing, cleaning and the "prepreparation" of the food. The restaurant is impeccable and the kitchen simmering when the doors open at midday (except on Mondays – 6pm). The restaurant is open till late every night, when the fishermen go in search of the best and freshest produce that the sea has to offer once again. Satyricon works 24 hours a day, performing various tasks, with each task overlapping another. This is one of its secrets.

Marcel Proust[5] used to say that eating oysters is like taking communion with the life of the sea. This happens at Satyricon. Plus, the restaurant does more than simply prepare and serve fish and seafood. As we have seen, there is elegance and intensity to the flavors of the pasta, meats and risotto. Even the more usual desserts, such as chocolate mousse, stand out from the crowd. Light, and sometimes daring,

they bear the mark of someone who does his best to get everything just right. Simple and refined. Avoiding that which is obvious or easy.

The Leopardi couple's philosophy is clear:

When we think up a dish or a menu, we are not trying to shock anyone or reinvent the wheel. We think about what we would like to eat. New taste? Ah, how time has deceived us... Some people may find it novel if we serve up shiitake grilled with garlic, extravirgin olive oil and parsley. To others this is run-of-the-mill. It all depends on the course of our lives. At Satyricon, we prepare food in a classic Mediterranean style, using only the freshest, high-quality ingredients. An Italian saying goes: "That which is not put on the plate is of equal importance to that which is put on the plate." We practice this religion, in other words, we select the best ingredients and then mix them together. Of course, this doesn't involve mixing things that don't go together. We seek to blend flavors and textures.

According to the Chinese chef Ken Hom, who has programs on BBC television, has had 34 books published, and has a vast line of woks and cooking accessories under his own label, and is a diehard customer of Satyricon when in Rio, "a fraction of a second can be the difference between a delicacy and a disaster". Miro and Marly Leopardi are aware of this. The restaurant is sophisticated and unique, has a cosmopolitan feel, but has not turned its back on the world of the fisherman. There, quality and quantity are not mutually exclusive, they go hand in hand. As do the couple.

— Miro, when are you happy?
— When I wake up and realize I am alive!
— Any wishes?
— I wish I could sing well.
— Any routines?
— No, I avoid them. If it is not possible for me to travel, I dream I am somewhere else. I would like to go to China to see different things.
— What about Satyricon?
— It's a work of love. Between Marly and I, we have invested blood, sweat, tears, laughter and much joy... of course!

Rio de Janeiro, May 11th 2003

Notes

1. Pierre Troisgros is one of the most renowned chefs in the world. His son Claude, who is also famous, has lived in Rio de Janeiro for over 20 years and opened his first restaurant in Búzios, Brazil.

2. Ferran Adrià, his brother Albert Adrià and Juli Soler are the heart and soul of the El Bulli restaurant, located in the outskirts of Barcelona, Spain. The creator of mousses, jellies, culinary delights, airy textures and other gastronomic feats of _____, Ferran Adrià is the star of today's international gourmet cuisine.

3. CARNACINA, Luigi. *La grande cucina.* Milan: Garzanti, 1960.

4. A play by Pedro Calderón de la Barca (1600-1681), a Spanish dramatist born in Madrid.

5. A French writer (1871-1922), author of the masterpiece *In search of lost time.*

Learn more

All dishes in this book serve four people. See below some cookery terms which are special ways of preparing certain foodstuffs. They are denoted in the recipes by a star.

Julienne – To cut vegetables into thin strips or 'matchsticks'.

Al dente – Pasta cooked so it is still firm to the bite and doesn't break up.

To cook through – A process whereby one makes the food more concentrated or flavored by letting it boil for a while.

To flamb – To pour alcohol over food and set it alight, keeping the flames going for a few seconds.

To gratiné – To cover with grated cheese and breadcrumbs and brown in an oven.

To reduce – To make less the quantity of liquid by boiling or simmering until the desired level has been reached.

Basic recipes

Four recipes follow which are used for preparing some of the dishes:

Fish stock (1 liter)

1 1/2kg fish trimmings, crustacean heads and shells, fish fins etc.
2 liters water
2 medium onions, sliced
salt to taste
10g black peppercorns
1 bay leaf
2 whole garlic cloves
4 sprigs of parsley
1/2 liter dry white wine
2 large carrots, cut into rings
2 celery sticks with leaves intact

Utensils required:
a fine sieve
a 5-liter pan

1. Place all the fish and crustacean trimmings into the pan with the other ingredients. Bring to the boil and add the water. Simmer over a low heat for one hour. Leave to cool, then sieve.

2. Keep the stock to one side for use in another recipe. It can be frozen if so desired.

Lobster stock (1 liter)

1 bay leaf
1 garlic clove
1 celery stick
100ml white wine
1 medium onion, sliced
2 liters water
1 1/2kg lobster heads and shells

Utensil required:
sieve

1. Place all the ingredients together and cook. When boiling, remove from heat, strain and keep to one side.

Cayenne chili sauce (150ml)

20 cayenne chilies (*malagueta* in Brazil) well rinsed
   then dried with kitchen towel (so as not
   to introduce moisture into the glass)
1 whole garlic clove, peeled
1 bay leaf
6 tbsp extravirgin olive oil

Utensils required:
kitchen towel
a 200ml glass pot

1. Put the chilies, the garlic, and the bay leaf in a clean, dry glass pot, cover with olive oil and put the lid on. Let stand for around 15 days in a cold dark place. After opening, keep refrigerated.

Tomato puree (800ml)

24 ripe medium tomatoes, chopped
2 tbsp butter
1 small onion, chopped

Utensil required:
sieve

1. Cook all the ingredients over a high heat for 10 minutes or until they break up and thicken. Sieve and keep to one side.

Tips on making pasta even tastier

When cooking pasta, only add salt after the water has begun boiling.

All sauces are easy to prepare and can be swiftly rustled up whilst the pasta is cooking.

Authentic Mediterranean cuisine involves all preparation taking place at the time of cooking. No cheating allowed, i.e. ready-made sauces!

Antipasti

GRAN PIATTO DI MARE

CREMA DI CROSTACEI

FANTASIA DI CARPACCI

COZZE GRATINATE

COZZE E VONGOLE ALLA MARINARA

Gran Piatto di Mare
Seafood Festival

1 thick fresh tuna fillet
100g fresh cod cooked in water and salt and cut
   into strips
4 fresh oysters
8 shelled clams or mussels steamed with salt
4 medium clean-shelled shrimps or crayfish
   steamed with salt
100g octopus or squid rings boiled in salt and water
4 mint leaf sprigs, each bearing 3 leaves to garnish
   (1 for each plate)

For the sauce:
6 tbsp extravirgin olive oil
juice of 2 limes
1 tsp chopped parsley
1 tsp chopped spring onions
1 tsp chopped fresh dill
1 tsp chopped leek
salt and freshly ground black pepper to taste,
   or 1 spoon of cayenne chili sauce
   (see recipe on page 131).

Utensil required:
deep bowl

Preparing the sauce:
1. Place entire ingredients in the bowl and stir until well blended. Keep to one side.

Arrangement:
1. Arrange the fish and seafood separately on a serving dish. Pour the sauce over and let the flavors soak in for a few minutes.

2. Garnish with the mint and serve.

Crema di Crostacei
Crustacean Crème

8 medium shrimps
4 crayfish
2 medium lobsters
2 medium slipper lobsters
2 tbsp plain flour
salt and black pepper to taste
1 tbsp chopped onions
1 tbsp chopped leek
4 tbsp extravirgin olive oil
30ml cognac
1 liter fish stock (see recipe on page 130)
4 sprigs of parsley to garnish

1. Remove the heads and shells of the crustaceans, remove the innards and clean the meat in water. Using a sharp knife, chop up all the meat.

2. Place the plain flour, the chopped crustaceans, the salt and pepper into the bowl and stir well.

3. Sauté the onion and leek in the olive oil over a low heat, carefully stirring. Add the crustaceans and raise the heat for 1 minute. Add the cognac and flambé.* Add the fish stock and boil for 10 minutes.

4. Serve in a deep dish and garnish with parsley.

Fantasia di Carpacci
Carpaccio Delight

For the tartar:
100g fresh tuna
100g fresh salmon
100g fresh sea bass
100g fresh snapper

For the sea bass sauce:
2 tbsp extravirgin olive oil
1 tsp chopped spring onions (white part)
juice of 1/2 orange
salt and black pepper to taste
chopped fresh parsley to garnish

Stir all the ingredients well and serve with the sea bass.

For the snapper sauce:
2 tbsp extravirgin olive oil
2 spoons spring onions (white part)
juice of 1/2 lime
1/4 garlic finely chopped
salt and black pepper to taste
parsley to garnish

Stir all the ingredients well and serve with the snapper.

For the salmon sauce:
2 tbsp extravirgin olive oil
1 tsp chopped spring onions (white part)
juice of 1/2 lime
1 tsp chopped fresh dillsalt and black pepper to taste

Stir all the ingredients and the salmon together well.

For the tuna sauce:
2 tbsp extravirgin olive oil
1 tsp grated onions
1/4 garlic clove, finely chopped
2 tbsp tomato puree (see recipe on page 131)
cayenne chili sauce to taste (see recipe on page 131)
salt to taste
1/2 tsp chopped fresh parsley

Stir all the ingredients and the tuna together well.

1. Clean the fish and cut it into fillets, discarding the bones and the skin.

2. Using a sharp knife, cut the sea bass and snapper lengthways into very thin strips, going with the grain.

3. Prepare the tartar using the salmon and the tuna, chopping the fish into very small pieces. Add the respective sauces and stir well. Make the mixture into a ball and flatten it, forming a hamburger shape.

4. Before serving, arrange the sea bass and snapper chunks separately at the side of each dish. Put the sauces from these fish in a separate bowl in front of the dish. Arrange the salmon and tuna hamburgers on the other side of the dishes. Serve with wedges of lemon.

Cozze Gratinate
Mussels au Gratin

2kg live mussels in their shells
2 cups breadcrumbs
1 minced garlic clove
chopped parsley to taste
salt and black pepper to taste
4 tbsp extravirgin olive oil
30g grated pecorino cheese

Utensils required:
a 4-liter pan
baking tray
strainer

1. Wash the mussels and rinse them under cold running water, after scrubbing and debearding them.

2. Boil in the pan until the shells open. Discard the empty shells and place the rest with the mussels on the tray.

3. Strain the sauce remaining in the pan and reserve.

4. Mix together the breadcrumbs, the garlic, the parsley, the salt, the pepper and the olive oil, stirring in the strained stock until a floury mixture is formed. Individually cover the mussels with the floury mixture. Dash with a splash of olive oil and sprinkle the pecorino over them. Place the baking tray in a hot oven for 10 minutes to gratiné.* Serve the mussels warm or cold.

Cozze e Vongole alla Marinara
Mussel and Clam a la Marinara

2kg shellfish (mussels, clams**) in their shells
3 minced garlic cloves
1 tbsp chopped spring onions (white part)
cayenne chili to taste
6 tbsp extravirgin olive oil
80ml dry white wine
salt to taste
1 tbsp chopped parsley

Utensil required:
colander

1. Wash the mussels and rinse them under cold running water, scrubbing and debearding them. Carefully wash the clams also under cold running water.

2. Place the mussels in a jug of cold salty water, let stand for one hour. Drain and keep to one side.

3. Sauté the garlic, spring onion and chili in the olive oil in a frying pan. Add the mussels; three minutes later add the remaining shellfish. Pour in the wine and cook over a high heat until the shells have opened. Check the salt, and season if required (shellfish naturally contain salt). Sprinkle the parsley on top and serve.

**You can use just one type of shellfish.

Paste & risotti

SPAGHETTI CON LE VONGOLE

SPAGHETTI ALLA MODA DEL CHEF

FETTUCCINE CON ARAGOSTA

RISOTTO DI CROSTACEI

PENNE CON VODKA

Spaghetti con le Vongole
Spaghetti with Clams

1 1/2kg clams in their shells
4 tbsp extravirgin olive oil
cayenne chili to taste
3 thinly sliced garlic cloves
6 seeded skinned medium tomatoes
   for sauce, cut into chunks
salt to taste
4 liters water
500g *gran duro* spaghetti
1 tbsp chopped fresh parsley to garnish

Utensils required:
colander
sieve
a 6-liter pan

1. Carefully wash the clams under cold running water. Place them in a jug of cold salty water, let stand for 1 hour. Drain and keep to one side.

2. Heat two tbsp of olive oil and chili in a frying pan. Add the clams, and wait for them to open. Then, sieve them, placing a jug below to collect the liquid.

3. Remove the clams from the shells, reserving 24 of them in their shells for garnishing.

4. Put the remaining olive oil in the frying pan and cook the garlic until it is golden brown but not burned. Add the juice from the clams and reduce* in order to cook through.* Add the tomato and salt and keep cooking for 10 minutes over a high heat. Add the shelled clams and leave for 2 minutes.

5. Heat the water in the pan. When boiling, add the salt and spaghetti and stir well. Cook until pasta is al dente.*

6. Drain the pasta and place in the frying pan containing the sauce. Stir for 1 minute over a high heat and add the parsley. Garnish with the clams still in their shell and serve.

Spaghetti alla Moda del Chef
Chef's Spaghetti

5 liters water
3 tbsp extravirgin olive oil
5 tbsp butter
2 chopped garlic cloves
1 medium zucchini with peel cut into julienne* sticks
28 clean, medium pink shrimps (including
   tails and end part of shell)
1 bunch rocket, cut into strips
salt to taste
500g *gran duro* spaghetti
4 shrimps to garnish

Utensil required:
colander

1. Boil the water.

2. Heat the olive oil and 4 spoons of butter in a frying pan, add the garlic and cook till golden. Add the zucchini and cook for 2 minutes. Add the shrimps until they are soft (about 4 minutes), then add the rocket.

3. Steam the 4 shrimps for garnishing and lightly grease them with the remaining butter. Keep to one side.

4. When the water for cooking the pasta is boiling, add the salt and the spaghetti. Cook until pasta is al dente.* Drain and place in the sauce frying pan. Stir quickly, arrange on the plates and garnish with the shrimps.

Fettuccine con Aragosta
Fettuccine with Lobster

4 medium lobsters in their shells
1 tbsp chopped onions or spring onions (white part)
1 tbsp thinly sliced leek
4 tbsp extravirgin olive oil
finely chopped cayenne chili and salt to taste
6 chopped basil leaves
100ml lobster stock (see recipe on page 130)
100ml champagne or dry white wine
24 medium *pachino* tomatoes or
    24 cherry tomatoes cut in half
400g *gran duro* fettuccine or 500g fresh fettuccine
4 liters boiling water
chopped fresh parsley to garnish, to taste

Utensils required:

colander
sieve

1. Clean the lobster, remove the meat and cut into 1cm slices. Reserve the remains (body and head) for the stock.

2. To prepare the sauce, sauté the onion and leek in the olive oil in a frying pan. Add the chili, salt, basil and lobster slices. Cook for 6 minutes over a high heat. Add the stock, the champagne (or wine), bring to the boil, and reduce* over a high heat for 3 minutes. Add the tomato and boil for an extra minute.

3. Cook the fettuccine al dente,* strain, place in the frying pan along with the sauce and stir well. Heat a little more, sprinkle on the parsley and serve immediately.

Risotto di Crostacei
Crustacean Risotto

8 medium shrimps
8 crayfish
2 medium lobsters
2 medium slipper lobsters
1 bunch wild rocket or *precoce*
2 tbsp chopped onions
2 tbsp chopped leek
1 tbsp chopped celery
4 tbsp extravirgin olive oil
2 tbsp butter
400g *arborio* rice
125ml dry white wine
2 liters fish stock (see recipe on page 130)

1. Clean the crustaceans, removing the shells and the innards. Cut the lobster and slipper lobster meat into slices. Keep the clean shrimps and crayfish intact. Put the remains (shells, bodies and heads) aside for the stock.

2. Wash the rocket well and chop up half of it. Keep the rest aside to garnish the plate.

3. Sauté the onion, the leek and the celery in a frying pan with the olive oil and butter until soft. Add the rice, unwashed, and leave for 1 minute. Stirring continuously, pour in the wine and cook over a high heat until it evaporates. Lower the heat and add the fish stock until the rice is covered. Stirring continuously, add extra stock whenever the stock dries up. After 10 minutes, add the lobster and slipper lobster slices. Stir for 4 minutes, adding stock when required. Add the shrimp, the crayfish and the chopped rocket. Cook for a further 5 minutes. Add the remaining rocket before taking to the dinner table. Serve immediately.

Penne con Vodka
Penne with Vodka

500g *gran duro* penne
4 liters boiling water
2 tbsp grated onions
2 tbsp butter
1/2 fresh chopped cayenne chili
80ml vodka
800ml tomato puree (see recipe on page 131)
salt to taste
200ml fresh cream
1 cup grated Parmesan cheese
4 tsp salmon eggs
4 basil leaves

Utensil required:

sieve

1. Cook the penne until al dente* in boiling water.

2. Lightly brown the onion in the butter and add the chili. Add the vodka and boil for 1 minute. Add the tomato puree, salt and boil for 8 minutes. Add the cream, boil for 3 minutes, then add the Parmesan cheese.

3. Add the cooked penne to the frying pan and stir in the sauce. Place 1 teaspoon of salmon eggs on each dish and garnish with the basil. Serve immediately.

Pargo Naturale col Sale Grosso
Snapper Cooked with Rock Salt

1 fresh 800g snapper
2kg rock salt

Utensils required:
heat-resistant tray
serving tray
spatula

1. Clean the fish, but do not remove the scales or fins.

2. Line the tray with salt, place the fish and cover the fish with the remaining salt, as if you were building an igloo. Place in a preheated oven (max temp) and cook on high for 25 minutes.

3. Put the baking tray on the serving tray and take to the dinner table. Break the upper layer using the spatula and remove the snapper's skin, scales and fins. Remove the fish fillet whole. Serve with boiled potatoes.

Pesce Spada alla Satyricon
Swordfish a la Satyricon

50g pitted raisins
30ml brandy or cognac
1/2 tbsp chopped onions
1/2 tbsp leek
6 tbsp extravirgin olive oil
50 whole pint nuts
10g capers in preserve cut in half
16 pitted black olives cut in half
1 tbsp fresh oregano leaves
2 seedless and skinless medium tomatoes for sauce, quartered
4 swordfish steaks, with skin (200g each)
salt and black pepper to taste

Utensil required:
nonstick grill

1. Soak the raisins in the brandy or cognac for 10 minutes until they become soft. Keep to one side.

2. Prepare the sauce in a frying pan, sautéing the onion and leek in the olive oil. Add the pine nuts and sauté for 1 minute. Add the capers and the olives. Put the raisins in the cognac and flambé.* Finally, add the oregano and the tomato.

3. Grill the fish steaks with salt and pepper. Arrange on the plate and pour over the sauce.

Pesci

PARGO NATURALE COL SALE GROSSO

PESCE SPADA ALLA SATYRICON

FILETTI DI PESCE ALLA NAPOLETANA

FILETTI DI PESCE ALLA MEZZALUNA

FILETTI DI PESCE AL CARTOCCIO

FILETTI DI PESCE FANTASIA

"MOQUECA" ALLA SATYRICON

TONNO CON FAGIOLI BIANCHI

SARDINE IN TORTIERA

TARTARE O BITOK DI PESCE

Filetti di Pesce alla Napoletana
Fillet of Fish a la Napoletana

1 tbsp chopped onions
1 tbsp leek
1 chopped cayenne chili, to taste
6 tbsp extravirgin olive oil
150ml fish stock (see recipe on page 130)
24 medium *pachino* tomatoes or 24 ripe,
　cherry tomatoes cut in half
salt to taste
4 large snapper or grouper fillets
　(250g each), skinned
16 pitted black olives, cut in half
12 capers cut in half
fresh oregano leaves, to taste

1. In a frying pan, brown the onion, leek and chili in the olive oil. Add the fish stock and boil for 2 minutes. Add the tomato, the salt and the fish fillets. After 3 minutes, turn them. Wait a further 2 minutes and add the olives and capers. Finally, add the oregano and serve immediately.

Filetti di Pesce alla Mezzaluna
Fillet of Fish a la Mezzaluna

4 fresh, clean grouper fillets (250g each)
salt and black pepper to taste
3 tbsp plain flour
4 tbsp butter
4 tbsp extravirgin olive oil
1 tbsp chopped leek
2 tbsp chopped spring onions (white part)
60ml cognac
1 tsp chopped fresh dill
1 tsp chopped fresh thyme
1 tsp chopped fresh sage
1 tsp chopped fresh basil
1 tsp chopped fresh parsley
1 tsp chopped fresh mint
4 tbsp cream
juice of 1 lime

1. Season the grouper fillets with salt and peeper; then cover them with the flour.

2. Brown the fillets on both sides in the butter mixed with the olive oil, the leek and the spring onion. Add the cognac and flambé.* Remove them and add the chopped herbs, the cream and the lime juice. Bring to the boil. Add the fillets once again and serve immediately.

Filetti di Pesce al Cartoccio
Fillet of Fish in Cartoccio

3 tbsp extravirgin olive oil
2 tbsp butter
1 tbsp chopped leek
1 tbsp chopped onions
1 tsp plain flour
salt to taste
200g sliced mushrooms
150ml dry white wine
juice of 1/2 lime
1 dessertspoon chopped parsley
4 grouper or snapper fillets (200g each)
16 shelled medium shrimps
16 steamed, shelled mussels
freshly ground black pepper to taste

Utensils required:
4 sheets greaseproof paper or laminated paper
baking tray

1. Put the olive oil, butter, leek, onion, flour and salt in a frying pan and slowly brown, but do not burn. Add the mushrooms and the wine. Allow to boil until it had reduced* a little. Add the lime juice and parsley and cook until a creamy sauce has been obtained.

2. Roll out the paper sheets on a work surface and place a fish fillet upon each one. Cover with the shrimps and mussels. Add the sauce and the pepper. Fold over the edges of the paper so as to stop them opening when cooking. Place on tray and put in a medium oven for 15 minutes.

3. Remove from heat and do not open until the tray is on the dinner table.

Filetti di Pesce Fantasia
Fantasia Fish Fillet

3 small peppers (1 green, 1 red and 1 yellow)
2 chopped garlic cloves
6 tbsp extravirgin olive oil
2 1/2 sliced onions
16 pitted black olives
1 bay leaf
salt and black pepper to taste
4 seedless, skinless, medium
   tomatoes cut into quarters
250ml fish stock (see recipe on page 130)
4 fresh grouper or snapper fillets (250g each)
8 small potatoes, peeled and boiled in water and salt

1. Cut the peppers into 2cm-wide slices.

2. Sauté the garlic in olive oil in a frying pan. Add the onion, the slices of pepper and the whole olives. Add the bay leaf, the salt, the pepper and the tomato. Add the fish stock and cook over a medium heat for around 6 minutes. Add the fillets and the potato and leave for a further 2 minutes. Turn the fillets and wait a further 2 minutes. Remove the bay leaf. Serve immediately.

"Moqueca" alla Satyricon
Moqueca a la Satyricon

16 medium shrimps in their shells
2 medium lobsters in their shells (600g each)
4 fresh grouper fillets (150g each)
1/2 liter fish stock (see recipe on page 130)
1 tbsp powdered annato
2 tbsp chopped onions
1 tbsp chopped leek
6 tbsp extravirgin olive oil
1 bunch coriander, chopped
salt to taste
cayenne chili sauce to taste (see recipe on page 131)

1. Clean up and remove the innards of the shrimps, the lobsters and the grouper, keeping the shells and heads aside for the stock.

2. Cut the lobster into two and the grouper into fillets. Leave the shrimps intact.

3. Prepare the fish stock using the lobster, shrimp and fish leftovers. Add the annato and stir well. Keep to one side.

4. Sauté the onion and leek in the olive oil along with half the coriander and salt. Add the lobster, followed by the grouper fillets and, last but not least, the shrimps. Cook for 2 minutes each side and add the stock and annato. Boil for 10 minutes.

5. Upon serving, add the remaining coriander. Serve with the chili sauce.

Tonno con Fagioli Bianchi
Tuna Fish and White Beans

6 liters water
60g salt
600g whole, fresh tuna steak (remove the
   skin, blood and bones)
3 whole, peeled onions
1 bay leaf
1/2kg white beans
1 large carrot
1 whole celery stick
salt to taste
freshly ground black pepper to taste
6 tbsp extravirgin olive oil (minimum)
lettuce leaves

Utensils required:
colander
salad bowl
a 10-liter pan

1. Heat the water in the pan. When water is boiling, add the salt, tuna, 1 onion and the bay leaf. Cook for 1 hour. Strain the steak and leave it to dry in an airy place.

2. Soak the beans for at least 6 hours. Put them to cook with the carrot, 1 onion, the celery and the salt until they soften (approx. 2 hours), but before they begin breaking up. Strain and allow to cool.

3. Cut the remaining onion into very thin rings and place in the boiling water.

4. Arrange the tuna in the bowl breaking it up into slices, along with the onion, the beans and the pepper. Add olive oil and salt to taste. Stir well and serve in the salad bowl lined with lettuce leaves.

Sardine in Tortiera
Oven-Baked Sardines

1/2kg fresh sardines
6 tbsp extravirgin olive oil
16 pitted black olives
2 tbsp chopped leek
2 tbsp grated onions
1 tbsp chopped parsley
2 minced garlic cloves
20 medium *pachino* tomatoes or 20 overripe cherry tomatoes cut in half

Utensil required:
baking tray

1. Clean the fish, cutting it down the middle and discard the head and scales.

2. Use half the olive oil to grease the baking tray, place the fish in it, side by side, sprinkle all the seasoning on top, cover with the tomato and drizzle with the remaining olive oil. Cook in the an oven on high until they have browned. Serve immediately.

Tartare o Bitok di Pesce
Fish Tartar or Bitok**

For the sauce:
200g fresh salmon
1 tbsp extravirgin olive oil
1 1/2 tbsp lime juice
1/2 tsp chopped leek (white part)
1/2 tsp chopped fresh parsley
1/2 tsp chopped fresh thyme
1/2 tsp chopped fresh ginger
salt and black pepper to taste

For the tuna:
200g fresh tuna
1 tbsp extravirgin olive oil
1 1/2 tbsp lime juice
1/2 tsp chopped spring onions (white part)
1/2 tsp chopped fresh dill
1/2 tsp chopped fresh oregano
salt and black pepper to taste

Utensil required:
a sharp knife

1. Finely chop the salmon with the knife. Stir the ingredients well, make the mixture into a ball and flatten it, forming a hamburger shape.

2. Repeat the previous steps with the listed ingredients in order to prepare the tuna.

**The difference between the tartar and *bitok* is that the former is served raw, whereas the latter is fried (in two spoons of olive oil for 3 minutes each side) and served hot.

Crostacei

FANTASIA DI MARE GRIGLIATA

GAMBERI ALLA SATYRICON

Fantasia di Mare Grigliata
Grilled Sea Delight

2 medium lobsters
2 medium slipper lobsters
8 crayfish
8 shrimps
6 tbsp extravirgin olive oil
salt and black pepper to taste
lime slices

Utensil required:
grill

1. Lay out the lobsters, slipper lobsters and crayfish and cut lengthways without splitting in two. Clean the inside of the heads well with water and remove the innards.

2. Wash the shrimps, remove the shell and innards, and reserve the heads and tail ends.

3. In a separate jug, prepare a sauce using the olive oil, salt and pepper. Run all the ingredients through this sauce. Meanwhile, warm up the grill till it is very hot.

4. Firstly, place the lobsters and slipper lobsters on the grill, with the meat facing the heat. After 8 minutes, turn them onto the shell side. Add the shrimps and crayfish and leave for 3 minutes, turn and leave for a further 3 minutes. Remove entire contents from the heat simultaneously and serve immediately with some lime slices.

Gamberi alla Satyricon
Shrimp a la Satyricon

24 medium shrimps in their shells
6 tbsp extravirgin olive oil
2 garlic cloves, sliced
30ml cognac
250ml fish stock (see recipe on page 130)
50 medium *pachino* tomatoes or 50 overripe cherry tomatoes
salt to taste
1 tsp chopped fresh basil
1 tbsp chopped parsley

Utensil required:
heat-resistant tray

1. Clean the shrimps, removing the innards but not the heads and tail ends. Place in the pan with 2 spoons of olive oil and fry on both sides.

2. Using a frying pan, sauté the garlic in the remaining olive oil, add the cognac, flambé* and add the fish stock. Allow to boil until it has reduced* a little. Add the tomato, salt and basil.

3. Arrange the shrimps on the baking tray, pour over the sauce and put in the oven to heat. If you prefer, heat them in the frying pan containing the sauce. Sprinkle on the parsley prior to serving.

Fritto Misto alla Romana
Mixed Grill a la Romana

4 large whole squid
12 medium shrimps
2 thick sole, snapper or bream fillets (200g each)
2 medium green zucchinis with peel
1 cup plain flour
2 liters oil
salt to taste
1 lime, quartered

Utensils required:
kitchen towel
sieve
colander
deep plate

1. Wash the squid and clean without cutting, reserving the tentacles. Cut them into 1cm rings.

2. Clean the shrimps, leaving the tails attached but removing the innards and shell.

3. Cut the fish fillets into 1cm strips.

4. Cut the zucchini into julienne* sticks.

5. Put the flour in a deep plate. Spread the fish, squid, shrimps and zucchini in the flour, making sure to cover both sides fully. Place in the sieve and shake well so as to remove any excess flour.

6. In very hot oil, firstly fry the squid followed by the shrimp, and finally the zucchini and the fish fillet until lightly browned. Strain and place on the kitchen towel for a few minutes. Add the salt and serve with the lime slices.

Polpo al Pomodoro
Pomodoro Octopus

20 red whole medium tomatoes
4 liters boiling water
1kg baby octopuses or 1 large clean octopus
6 tbsp extravirgin olive oil
3 peeled garlic cloves, cut in half
1 medium onion, cut into thin rings
cayenne chili to taste
125ml dry white wine
salt and chopped parsley to taste

Utensil required:
a 6-liter pan
serving tray

1. Place the tomatoes in boiling water in the pan for 1 minute. Remove the skin and seeds and chop up the pulp.

2. Wash the baby octopuses (or the octopus) under running water and remove the head's innards.

3. Put the olive oil, garlic, onion and chili in a frying pan and cook over a gentle heat, do not burn. Add the small octopuses one at a time, or the whole octopus and cook for 2 minutes. Add the wine and wait for it to boil off. Add the tomato, salt and some parsley. Cover the frying pan and maintain over a gentle heat for 40 minutes. Add a little water as and when necessary.

4. Arrange the baby octopuses or octopus on a serving tray, sprinkle the remaining parsley and serve.

FRITTO MISTO ALLA ROMANA

POLPO AL POMODORO

Do Leme ao Pontal,
do Bracarense ao Feitiço da Vila,
do Galeão ao Santos Dumont,
do Maracanã ao Caio Martins,
do MAC ao MAM,
de Itacoatiara à Prainha,
do Pepê a Geribá,
da Marina da Glória a Angra,
de Itaipava à Dias Ferreira,
da piscina do Copa ao piscinão de Ramos,
de Paraty a Campos dos Goytacazes,
da Ilha Grande a Visconde de Mauá,
da Lagoa à Região dos Lagos,
do Pão de Açúcar ao Dedo de Deus,
do Estácio à Mangueira,
da Tijuca à Barra,
do Autódromo ao Jockey,
do ViaParque ao NorteShopping,
da Feira Hippie à Feira Hype,
do Cristo Redentor ao New York City Center,
do Baixo Gávea ao Alto da Boa Vista,
de Búzios a Ipanema
e do Mar à Mesa tem Piraquê.

Rio de Janeiro
Rua Barão da Torre, 192 – Ipanema
Tel.: (21) 2521-0627
Fax: (21) 2521-0947
satyricon@ccard.com.br

Búzios
Orla Brigitte Bardot, 500
Tel.: (22) 2623-1595
Fax: (22) 2623-2081
satybuz@ccard.com.br

www.satyricon.com.br

**Conheça os títulos da Editora Senac Rio e prepare-se
para embarcar numa deliciosa viagem!**

Em nosso cardápio, você encontrará uma grande variedade de livros, capazes de
despertar a gula, o prazer, o interesse e a curiosidade dos leitores mais exigentes.
Preparados com a sabedoria e a experiência de grandes autores das áreas
de gastronomia, turismo, moda, beleza, cultura, comunicação, tecnologia,
responsabilidade social, desenvolvimento empresarial, entre outras.

Visite www.rj.senac.br/editora, escolha os títulos que mais te apetecem
e faça da sua leitura um passatempo e um aprendizado inebriantes.

Disque Senac Rio: (21) 3138-1000

Este livro foi composto nas tipologias Coronet e Helvetica Neue e impresso
em papel *Couché Matte* 150g/m², nas oficinas da Pancrom
em setembro de 2005, para a Editora Senac Rio.